# 世界に出ても負けない子に育てる

玉井満代
Tamai Mitsuyo

**ビジネス、スポーツ、人生で**
求められる
**4つの力**の伸ばし方

---

**自己効力感・読解力・**
**数学的思考力・**
**表現力**とは―

---

青春出版社

# はじめに

## ✪世界の教育熱がすさまじい！　日本の子どもたちは大丈夫？

海外の教育現場に足を踏み入れる機会が多いのですが、そのたびに海外の教育熱に日本とは比べものにならないほどの勢いを感じます。

国も親も柔軟に、どん欲に、そしてスピーディーに、本当に子どもたちにとって必要となる教育を見極め、取り込んでいっているのです。

特に、インドの教育熱はすさまじく、子どもたちも本当にエネルギッシュ。

インドと言えば、二桁の掛け算などが有名で、算数が得意な国という印象がありますが、二桁の計算も19×19までを暗記しているにすぎません。

そのインドで昨今、**単なる暗記教育から、論理力や創造力を育む教育が重視**されるようになりました。それらの力を育むための教育環境も充実していて、目を見張るばかりです。

インドの子どもの出生数は年間２５００万人。一方で、日本は１００万人以下。インドの子どもたちの上位数パーセントだけでも真剣に勉強したとしたら、インドは間違いなくスーパー大国に躍り出ます。

いいえ、すでにその傾向は出始めているんです。

ＩＴ人材数の国別比較では、中国とインドが米国に追随しているといわれています（情報処理推進機構による調査報告）。

また、過去20年でＡＩ研究に関する論文数が多い国は、中国が1位、アメリカが2位、そしてインドは3位。一方で、日本は6位です（エルゼビア社調査報告）。

すでに、私たちがイメージしているインドは過去のもの。多くの有名私立小学校には、一人1台のパソコンがあり、大学レベルの理科の実験室もあります。学校の教育環境は、日本の一般的な学校よりも整いつつあると言えるでしょう。

最新のプログラミングを学んだと思ったら、インドの伝統舞踊の稽古に励んだりと、学校のカリキュラムは「新」と「旧」、「静」と「動」がうまく取り入れられていて、

300台のパソコンが並ぶ教室（インド）

知的学習のみならず、体力や精神も共に鍛え上げていくカリキュラムが初等教育から組み込まれています。私たち日本人が想像する以上に恵まれた環境の中で、インドの子どもたちは日々熱心に学業やスポーツに励んでいるのです。

そして、何よりも**未来で活躍する優秀な人材が着実に成長している**という実感があります。

世界の子どもたちがどんどん力をつけていく姿を目にする一方、私の中で、危機感が日増しに強くなっています。

私が教材開発に本気で取り組み始めたのは、

地方で個人塾をやっていたときに言われた、「公式を忘れたから解けない」という塾生のひと言がキッカケでした。

文章題は、問題をちゃんと読み解き、その意味をイメージして、考えられる頭があれば、何らかの解き方はできるはずです。本来、どんな解き方であっても（受験に対応した解き方の技術はありますが）、答えが導き出せればいいはずなのに、子どもたちは公式を暗記して解いていたので、公式を忘れたら解けない……。

子どもたちのイメージング力が足りない。これは私に危機感を覚えさせました。

文章を読み解く、他人の気持ちを推し量る、問題を解決する……それらはイメージできなければ無理です。ビジネスでもスポーツでも人間関係でも、子どもたちが将来活躍するために必要なのは、自分の頭でイメージして考えられる力なのです。

そこで、私は、読解力と数学的思考力を同時に育てる教材の開発に乗り出しました。その後、低学年の頃でも空間認識能力は優れていることに着目し、形を見抜く力、図形をイメージする力を育てる教材も開発（玉井式「図形の極《きわみ》®」）。

この教材と「Eeそろばん®」は日本国内だけでなく、インドをはじめとして、シン

## インドのメディアでも注目の玉井式

lacements.
"Stake holders need to lecide the value of degree of BAU to provide better oppor-

personnel's on Wednesday at Damodar guest house in BAU campus here. Kaushal spoke about creating revolution in

increasing command of students over the English language, as they lacking in field of communication.

# Team from Japan to teach TAMAI at DPS Ranchi

MI NEWS SERVICE

ANCHI: Mathematics will no nger be a nightmare for ildren of city-based Delhi ublic School, as they willbe ught the TAMAI method to lve mathematical problems.

A team from Kiwami, a pan based company, conicted a workshop on ednesday for the faculty aching Maths and Science om class I to VIII. Kiwami am members train the acher about Ee Soroban, wami geometry, Science b and Robotics.

Mitsuyo Tamai CEO of wami was the chief ource person. The other mbers who were there are ruka Takano (Secretary to

Team from Japan addresses students on Wednesday.

to hav... should not restrict ourselves

डीपीएस में गणित की तमाई (जापानी विधि) पर कार्यशाला

## शिक्षक व बच्चों ने जटिल प्रश्नों को हल करने के गुर सीखे

सिर्फ रट लेने का नाम शिक्षा नहीं : प्राचार्य

## जापानी पद्धति से निकाला जटिल कैलकुलेशन का हल

केंद्रीय विद्यालय हिनू में हुआ कार्यशाला का आयोजन

डीपीएस में जापानी विधि से होगी गणित की पढ़ाई

教師向けに行ったワークショップの記事。「玉井式によって、算数はデリーの公立学校の子どもたちにとってもう悪夢ではなくなるだろう」とも書かれている。

ガポール、タイ、ベトナム、ミャンマー、アメリカ、オーストラリア、ブラジル等の学校や塾に導入され、多くの子どもたちが学んでいます。インドでは、日本発の教材ということで、現地のメディアでも多数取り上げていただきました。

玉井式が短期間で、国内の学習塾や学校で採用されただけではなく、海外の学校でも注目を集めているのは、激動の時代を生き抜く子どもたちにとって、必要な力を育むことができる教材だということが認められたからでしょう。

生きていく上では未知の問題に直面することがたくさんあります。そんな人生の問題を解決する公式はありません。乗り越えるために必要なのは目に見えないものをイメージする「想像力」であったり、目に見えないものを形にして見えるようにする「創造力」であったり、あるいは、自分の考えや想いを明確に伝えられる「表現力」です。

いまの**日本の子どもたちは、社会に出るために必要な能力やスキルを身につけずに高等教育を終えているのではないでしょうか。**

アクティブ・ラーニング、プログラミング教育、英語教育等々、急ピッチで教育改革が推し進められているようですが、その現状はというと、教員は多忙を極め、専門性も薄く、満足のいくものにはなっていません。

このままでは、世界の子どもたちに大きく差をつけられてしまう日も近いでしょう。ましてや、これからはＡＩの時代です。私たちはもはや知能や身体、心までも人間以上の進化を遂げるであろう未知のものと共存していかねばならないのです。

**学校に任せておくだけでは手遅れになり、将来、多くの日本の子どもたちは世界の舞台で惨敗し、大学を出ても、ＡＩの知能や能力に負けて、しっかりと稼げる職業にはつけないのではないかという強い焦燥感**が本書の執筆に至った動機です。

## ✪日本の子どもたちに必要な力とは？

本書では、現在も世界の教育現場で教えたり、プレゼンテーションをしている私が、日本の子どもたちが将来世界の子どもたちに負けないで生きていくために、またＡＩ時代を生き抜くために特に必要と感じる次の４つの感覚や能力についてお話ししていきます。

**❶「自己効力感」……自信、希望、自己肯定、やる気等に関連する感覚です。**
**❷「読解力」……読む力、想像力、論理的思考等に関連する能力です。**
**❸「数学的思考力」……試行錯誤力、図形認識力、創造力等に関連する能力です。**
**❹「表現力」……書く力、プレゼン、ディベートに必要とする能力です。**

１つ目の「自己効力感」は「自分はできる！」という自信や、やる気などにつながる感覚です。まだ誰も解決したことのない問題や課題に対して、積極的に、試行錯誤しながら解決していける人材が求められる今、その行動を支える「自己効力感」はとても大切なもので、それは「自己肯定感」へとつながります。ＡＩに使われてしまう人間と、ＡＩを使いこなす人間、その差も、この心の強さに左右されるのではないか、と私は考えています。

２つ目の「読解力」は、すべての知的学習の土台となる力です。単に文章を的確に読むだけでなく、意図を正確に理解する力であり、コミュニケーション力にも直結する極めて大切な能力。将来、どんな分野で生きていくとしても絶対に欠かせない力です。

３つ目は「数学的思考力」です。ＳＴＥＡＭ教育などの科学技術教育に重点が置かれる昨今、その基本となる算数や数学の考え方を伸ばすことはマストです。まずは子どもたちが苦手意識を抱える部分を把握し、克服することが大切です。そこで、本書では、「公式の丸暗記に頼らないで考え抜く力」と、「図形認識能力」の育成についてもお話ししていきます。

４つ目の「表現力」は、世界標準から考えると、日本人に最も不足している能力とも言えます。世界に出ていっても負けない人材を育てるためには、書いて表現する力、話して表現する力を身につけることが必須です。

そして、これらの４つの力の土台として共通するのが、冒頭でもお話しした**「イメージング力」**です。

「自己効力感」をもつためには、**「自分はできる」というセルフイメージをもつことが何より大切**。なぜなら、そのイメージで、やる気や自信が左右されるからです。

本物の読解力には、言葉の意味を知っているだけでは足りず、**書かれた文字や数字や図表などをもとに、頭の中でその意味を明確にイメージする力**が必要です。これは、いわゆる国語の読解だけでなく、数学の文章問題や図形問題等を解く場合にも必要とされる力でもあります。

「表現力」は、和を大切にする日本人が最も苦手とする力です。この「表現力」を伸ばすにもイメージングの力は必要です。**人は自分の頭の中でイメージできないことは、創造的に表現することができません。**自分の考えを明確に伝えるためには、適切な言葉をイメージして表現する必要があるからです。

世界中の人たちとつきあっていかねばならない、これからの子どもたち。文化も慣習も言葉も違う人たちと堂々とわたりあっていくには、互いを想像できる力が必須です。

そして、ＡＩによって大きく変貌を遂げることは間違いない、これからの社会。

そこで私が危惧するのが「人間」のあり方です。

自分よりもＡＩを信じてしまう人、自分で考えることより、ＡＩに人生を自分をすべてを委ねてしまう人も出てくるのではないでしょうか。でも、私は信じています。

ＡＩを使いこなし、夢や新たな可能性を想像（イメージ）し、新しいことを創造できる人間が、新しい社会を築いていってくれることを。愛するわが子を、そんな子に育ててみたくはありませんか？

つまりは、グローバル時代、ＡＩ時代を子どもたちが生きていくためには、この「イメージング力」を高めることがとても大事だというわけです。

このイメージング力は「玉井式」の教材の中で最も重要視している力なのですが、実は、ご家庭でも十分に育てることができます。どのような時代になっても積極的に生き抜ける子どもに育てるためには、お母さん、お父さんの日常の働きかけに勝るものはありません。その働きかけの具体的なアクションのヒントも本書に盛り込みました。

この本が、愛すべき子どもたちの未来のための一助となれば幸いです。

２０２０年　初春

ＩＣＴ教材クリエーター　玉井満代

# 目次

『世界に出ても負けない子に育てる』

## 第3章　世界に負けない「数学的思考力」を育てよう　……　115
### ～「考える」ことを苦手にさせないで！～

## 第4章

# 世界で通用する「表現力」を育てよう

帯　写　真　ZouZou/Shutterstock.com
本文イラスト　富永三紗子
本文デザイン　浦郷和美
Ｄ　Ｔ　Ｐ　森の印刷屋
出版協力　株式会社天才工場　吉田浩
編集協力　株式会社ＡＩＳＡＩ　早川愛

第1章

# 生きる力の源
# ──「自己効力感」の育て方

～「できる」という気持ちをつぶさないで～

日本の子どもたちの自己肯定感の低さがとりざたされていますが、自己肯定感の土台となるものが、自己効力感なのです。

# 日本の子どもたちに一番足りないものって何？

自分の子どもが将来、きちんと食べていけるか心配。
どうか幸せな人生を歩んでいってほしい。

子どもの未来が明るいものであることを願わない親はいませんよね。

教育の目的は、子どもの人生が幸せであることにほかなりません。

ＡＩ技術とグローバル化が加速し、親が体験したことのない激動の時代。

そんな時代を子どもたちが、たくましく幸せに生きていけるように、英語、プログラミング、アクティブ・ラーニング等とあふれる教育情報をできるだけもれなくキャッチして、可能な限り与えたい。親はさまざまな教材を買い、何種類もの習い事や体験をさせたり、あるいは小学受験、中学受験にお金も時間も全力投入する。

ところが、本当に子どもにとって力となる教育ができているかと考えると、新たな不安が頭をもたげる……。そんな方が多いのではないでしょうか。

実際、親御さんの多大な努力に反して、考える力もコミュニケーション能力も低く、未来への夢を語らない元気のない子どもたちが増えていることが懸念されています。私自身も海外と日本を行き来して、教育現場を見比べるたびに、日本の子どもたちの将来に不安を感じます。特に、インドなどのエネルギーに満ちあふれる子どもたちと接する機会が増えるほど、日本の子どもたちに元気がないことが心配になります。

その原因は、**「自己効力感」がとても低い**ことにあると思います。

**「自己効力感」とは、「自分はかならず目標を達成できる」とか「自分は結果を出せる」「自分には能力がある」という感覚、つまり、「自分はできる」というゆるぎない自信**です。

実は、この「自己効力感」は、赤ちゃんの頃から養われています。

お腹がすいて泣けば、お母さんがおっぱいをくれる。おむつが濡れていると泣けば、おむつを替えてくれる。親は、その欲求にできるかぎり応じ、おまけに優しく抱擁までします。このとき、子どもは大いに「自己効力感」を高めています。自分の泣くという行為によって、欲求が満たされ、自分は周囲の大人を動かすことができると子どもは理解していきます。

ところが、成長の過程で、「これはしてはいけない」「あれもしてはいけない」ということを言われるようになり、子どもは必ずしも自分の欲求が通るとは限らない、ということを学びます。ただ、「なんでちゃんとできないの！」としかられてばかりいると、「自分はできる」という感覚が低くなってしまうのです。この時期、ひどくしかられたり、暴力をふるわれたりすると、大人になっても傷を癒すのが大変です。

もちろん、危険なことから子どもを守るためだったり、あるいは社会生活を送るためには、「してはいけない」ことがあることを教えることは大切です。

ぼくの言うことは
何でもきいてくれる！
⇒ 愛されている！

しかし、「○○するとあぶない」「まだ小さいから無理」と教えるべきところと、あえてチャレンジさせてみるというところを、**年齢や能力によって見極めていく必要がある**のです。

内閣府が行った「我が国と諸外国の若者の意識に関する調査」（平成25年度）では、日本の若者は、諸外国と比べて、「うまくいくかわからないことには意欲的に取り組む」という項目に、「はい」と回答した子どもが少ないということも示されています。「どうせ自分はできない」と思っている子どもが多いのは残念ですね。

反対に「自己効力感」を高められれば、失敗を恐れず、新しいことに積極的にチャレンジできるようになっていきます。

この「自己効力感」は今の時代に求められる重要な力であり、世界のどんな場所で生きていくとしても絶対に必要な力なのです。

# 「自己効力感」と「自己肯定感」について

「自己肯定感」という言葉は聞いたことがあるけれど、「自己効力感」となると、聞きなれないという方も多いことでしょう。

「自己効力感」と「自己肯定感」には大きな違いがあります。

「自己肯定感」とは、端的に言うと、**「人と比べてどうかではなく、自分自身に満足し、自分という人間は、価値ある存在であることを認めること」**です。

「自分は存在する価値があるんだ」とか、「自分は大切な存在なんだ」とか、「自分は人や社会から必要とされているんだ」とか、「失敗しても、自分の価値は変わらないんだ」という感覚です。

この自己肯定感は、勉強ができるとか、スポーツが得意であるから感じられる自信のようなものではなく、**生きる上で軸となる根源的な感覚**です。

先の若者の意識調査でも、諸外国と比べて、日本の子どもたちの「自己肯定感」は低く、生きることに消極的なイメージが浮かびあがっています。

「自分自身に満足している」や「自分に長所がある」と答えた若者の割合が諸外国と比べて少なく、逆に、「つまらない、やる気がでない」や「ゆううつだ」と感じている若者の割合は多くなっています。

「自己肯定感」が低いと、自分のことを受け入れられないのでネガティブな発言が多くなり、ちょっと失敗をしたら過度に落ち込むようなことになりがちです。自分を認められないので不安感も強くなったり、他人の目が気になったり、ストレス過多で生きづらくなってしまいます。

そして、その**「自己肯定感」の土台となるのが、「自己効力感」**なのです。

生まれたときから、子どもは自分で自分の効力感を感じ取り育んでいっています。現に、物心ついた子どもは、なんでもできると思っていますよね。

「自己効力感」の芽は、すでに赤ちゃんの頃から芽生えているのですから、まずはその感覚を大切に伸ばし、高い「自己肯定感」へとつなげていってほしいと思います。

# 子どもの「見て！」は「自己効力感」が伸びる大チャンス

それでは、この「自己効力感」を高めるにはどうしたらよいのでしょうか？

子どもは、常に大好きなお母さんやお父さんに自分のことを見てほしいと思っているものです。そのことがよく表れているのが、「見て！　見て！」「ママ、こっち見て！」という言葉。

親はついつい、「いま、忙しいからあとでね」と、この言葉を見過ごしがちですよね。私も、かつて子育て真っただ中の頃は、見過ごしてしまっていたことが多々あったと思います。私の子どもたちは、もうすっかり大人になってしまいましたが、今でも、二度と手に入らないかけがえない時の過ごし方がとても惜しく思われます。

「見て、見て！」という言葉には、**認められたい**という気持ちが溢れています。

どうか、「見て！」の言葉を見逃すことなく、忙しい家事や仕事の手を休めて、お子さんの気持ちに応えてあげてほしいと思います。

お子さんは、こっちを見てくれたというお母さんの反応だけで、「認めてもらえた」「愛されている」という想いで満たされていくはずです。

また、この「見て！」の言葉は、「自己効力感」がアップする絶好のチャンス。これほど素敵な言葉はなかなかありません。

走れるようになった姿。

拾ってきた石ころや摘んだ草花。

自分が一生懸命に描いた絵。

初めて書けた自分の名前。

それを世界で一番大好きなお母さんに見てほしい。そのような子どもの気持ちが、この「見て！」の言葉に集約されているのです。

そんな子どもの想いを聞き逃さず、一緒に、「おもしろい形の葉っぱを拾ったんだね」「素敵な色の花を摘んだね」と感動してみる。あるいは、お子さんが「できた」姿を大いにほめてあげる。

このちょっとした反応の積み重ねで、子どもは自分の存在や能力が認められているという感覚をたくさん育てていくことができるようになります。

けれども、子どもの成長はとても早いもので、「見て！　見て！」と言ってくれる時期もアッという間に過ぎてしまいます。私の子どもたちが小さかった頃に戻れるなら、もっともっと、子どもの「見て！」を見てあげたいと、そう心から思います。

いま、「見て！」を言ってきてくれるお子さんをお持ちの親御さん、どうか、その素敵なサインを見逃さないようにしてくださいね。

そして「自己効力感」を高めるもう一つの重要ポイント。そのポイントは、**子どもの〝ありのまま〟を認めていくこと**にあります。

最も注意してほしいのは、知的学習を行う時期です。

努力しても、いつも満点がとれるとは限りません。苦手な科目もできるでしょう。テストなどの結果だけで子どもを責めたりしないでください。そんなことは、人間の存在そのものからしたら、たいしたことではありません。その子は、その子です。

どんな時期でも「ありのまま」を認め、励まし、手助けを求めるようなら方法を共に考えるなどして「自己効力感」をぺちゃんこにしてしまわないよう、気をつけて頂きたいと思います。

## テスト結果を見たときに気をつけてほしい、親の言葉

教育の現場では、どうしても、「できる」や「正解した」ことだけが○（まる）で、「できない」や「間違えた」ことを、×（ばつ）としがちな傾向があります。

これまで多くの親御さんを見てきて思うことは、子どものできない部分を指摘しすぎる方がとても多いということです。そして、できない部分を指摘する際に発する言葉が、子どもの「自己効力感」を下げてしまう原因になっていると感じます。

たとえば、大人が左のイラストのような言葉をかけたとすると、子どもは自分ができない人間であるという気持ちを持ちがちです。

## 親の言葉につぶされる自己効力感

変えようのない結果からさかのぼって否定されると、「頑張れば自分はできる」という気持ちは萎えてしまい、当然「自己効力感」が育つはずがありませんよね。

95点のテスト結果を見て、できなかった5点について問い詰めるよりも、60点とれていれば、まずはＯＫとしてもよいではないでしょうか。いえ、たとえ10点であっても、できた10点を認めてあげてください。１００点でなくても、まずは、「できた」部分をしっかりと認めてあげることが大切です。

その後に、できなかった点を、どんなアプローチをすればできるようになるのか考えてみる。場合によっては、専門家の知恵をかりて、その子に合った学習の仕方を見つけることが必要です。

とにかくまずは、「よく頑張ったね」とテストにチャレンジしたことを**認めて**あげてくださいね。

# お手伝いひとつで、セルフイメージを上げる方法

ご家庭で「自己効力感」を高める方法としてお勧めなのが、子どもにお手伝いを積極的にさせることです。

幼い子どもでもできるお手伝いはたくさんあります。たとえば、お母さんが畳んだ洗濯物をタンスにしまう。玄関の靴をそろえる。少し大きくなれば、買い物袋を運んだり、野菜の皮をむいたり、お皿を下げたり、食器を洗うこともできるでしょう。

子どもがお手伝いをしてくれたら、「お母さん、ほんとうに助かるわ」と言ってあげましょう。大好きなお母さんのために、自分が役に立てることが感じられると、子

どもは「自分はできる！」「役立つ存在だ！」というセルフイメージを持てるようになります。

すると、やる気が生まれ、お手伝い以外のことにも積極的になっていくはずです。

お手伝いは、子どもにさせるよりも、お母さんやお父さんがやった方が早いという気持ちになることもあると思いますが、そこは、じっと見守って、子どもに任せてみる。大人が思っている以上に子どもは、できるようになるものです。

そして、お手伝いをしたら「助かったわ」「ありがとう」と言葉で伝えてください。

お手伝いは「自己効力感」を育てる最高の方法ですよ。

# 将来の夢を持てる、描ける、語れる子に育てなさい

「自己効力感」と深く関係のあるのが、将来をポジティブにイメージする力です。

私は、日本でいうと、小学校４年生に該当する10歳のインドの子どもたちの授業で教えることがあります。その子どもたちに、「将来何になりたいの？」と聞くと、「海外の大学に行って勉強したい」「科学者になりたい」「ＡＩロボットを作りたい」「国のために役立つ仕事がしたい」等、はっきり、自分の夢を熱く語ってくれます。

将来の自分の姿に夢を持っていて、聞いているこちらもワクワクしてきます。

一方で、日本の子どもたちに将来なりたいものを聞いても、「わからない」「別に」「公務員」「サラリーマン」という答えをする子が実に多いのは残念なことです。

もちろん、今はまだ決めかねている段階かもしれませんし、公務員やサラリーマンになることが悪いということではありません。また、どんな職種であっても、その仕事内容も千差万別ですから、イメージがわかないということもあるでしょう。

しかし、本来はエネルギーに溢れているはずの子どもたちが、自分が大人になったときの夢を大きく持ち、自由に描いたり語れないのは、とても寂しいことだと思います。

**人間は自分の頭の中でイメージできないことは、実現することはできません。**

子どもたちが働く10年後、20年後の未来には、現在ある仕事の多くがなくなる一方で、新しいサービスや仕事が生まれてくると言われています。

**今はないサービスや仕事を作り出す原動力は、子どもたちの夢や想像力。**その想像力を支えているのが、「自分はこんな仕事がしたい」「きっとできるはずだ！」という強い「自己効力感」にあると思います。最初はおぼろげなものでもいいのです。

もしかしたら、子どもの大きな夢を「そんなのは無理だよ」とはなから否定したりしていませんか？　たとえ親であっても、子どもには子どもの人生があるということを常に念頭に子育てをしてほしいと思います。

## 自分のことだけでなく、弱者を救う知恵や心を育む

現在多くのインドの子どもたちが、日本の大学顔負けの設備の整った学校で学んでいると話しましたが、実は、それはインドの一面。彼らが学ぶ学校の門を一歩出れば、インドのもう一つの世界があります。

そこには、現在もなお、物乞いする子どもたちの姿。中には物乞いのために、親に手足を切られた悲惨な子どもも少なからずいます。インドはカースト制度が存在しますし、まだまだ十分な教育を受けられない子どももたくさんいます。

現実はとても厳しいのだけれども、このギャップが、真摯《しんし》に学ぶ原動力になっているのも事実です。門の外には、貧しさにあえいでいる同年代の子どもたちがいるということを自分の目で見て知っているからこそ、勉強できることが当たり前ではなく、

特別に恵まれていると感じ、一生懸命に勉強をするのでしょう。

子どもたちは、この国の貧しさを何とかしたいとも思っています。１００年後には、カースト制度も変化しているかもしれません。熱心に学ぶ子どもたちの姿を見ていると、そんな期待が膨らんできます。

一方で、日本ではどうでしょうか？

子どもの貧困が増えていると言われる日本ですが、物乞いの子どもが街にあふれることはなく、世界的に見れば、日本はまだまだ恵まれている国だと思います。

たとえ、インドの物乞いの姿をインターネットで調べて知ったとしても、遠い異国の話としか、とらえられない子も多いでしょう。

でも、やっぱり外の世界のことを知ってほしいと思います。

ディズニーランドで楽しい思い出をつくるのももちろん素敵なことですが、子どもたちにはぜひ、弱さを救う「知恵」や「心」を育むために、発展途上国の現状を何らかの方法で知らせてほしいと個人的には思います。それが、国という垣根を超えて生きていくであろう、これからの子どもたちのために必要な力になるのではないでしょうか。

# ボーッとしている間でも、子どもは成長しています

親御さんから、「うちの子は、ボーッとしているんですが、大丈夫でしょうか？」とか、「この子は、とにかくやる気がないんです」という声がよく聞かれます。

でも、ボーッとしていることは悪いことばかりでもないのです。

大人の目からは、ボーッとしているようでも、子どもはいろんなことを考えているかもしれません。なのに、「もっと集中しなさい」などと言われてしまったら、その言葉によって、かえって、集中を邪魔してしまうことになるかもしれませんよね。

ボーッとしていることが多くて、何をするのも人より遅いと感じる子は、物事にじっくりと取り組むタイプの子かもしれません。ゆっくりと思いを巡らせたり、今日あったことをじっくり整理したりする時間というのは、とても大切なことです。

**ボーッとする時間によって、記憶が定着したり、創造力が養われるといいます。**

また、「やる気さえあればできる」と考える大人が実に多いのですが、**やる気とは、物事への興味や関心や動機がなければ出てこない気持ちです。**ですから、やみくもに、「やる気さえあれば」と言うこと自体が無意味であり、無理があるのです。

まずは、「やる気」のきっかけを育てることが大切で、この気持ちの根っこの部分にあるのがやはり、「自己効力感」＝「自分にはできる！」という気持ちだと思うのです。ですから、「うちの子は、ほんとにやる気がなくて困る」と嘆くより、子どもの「できる！」という気持ちを育ててあげることをしてみましょう。

そのためには、**「できない」ことを指摘することはいったんわきに置いて、「できていること」をほめてあげる**ようにしてほしいと思います。

現代の子どもたちも、親と同じようにかなり忙しく、学校という社会で子どもなりに気をつかっているものです。時には、特に、家庭という安全基地においては、ボーッとすることも必要なのではないでしょうか。

自分のペースで
成長していくよ！
ちょっと
アドバイス
いま、
育っている
見守って
いるよ
体験

# どんな子どもにも、無限の可能性があふれているんです

子どものことを思って、あれこれ習わせたり、勉強しなさい！　と口酸っぱく言ってしまう親御さんのお気持ちは痛いほどわかります。

でも、学校の勉強はすべてできて、スポーツは万能で、英語力もあり、プログラミングも得意で、積極的に発言もできて、作文も上手で、さらに素直で、思いやりもあって、なんていう子どもなどまず存在しません。大人の勝手な理想ですよね。

自分の理想通りに自分の子どもがならないことに、ストレスを感じてイライラを募らせるよりも、子どもの良い点、優れている点を意識して見つめるようにし、またそれを認めてあげることから始めてみてはいかがでしょうか。

たとえば、学校でとても良い先生がいらっしゃって「君たちは将来何にでもなれるよ」と言ってくれたとします。

子どもは、意気揚々と家に帰って、「お母さん、今日ね、先生に、君は将来何にでもなれるよと言ってもらった」と報告してきました。

それに対してお母さんが、「そんなの、ただ言ってくれてるだけ。もっと勉強しないと何にもなれないよ」などと言うと、子どもの「自己効力感」はバーッと下がってしまいます。

いい塾や学校に行き、良い先生に巡り合っても、家で、「自己効力感」が下げられたのでは、意味がありませんよね。

また、「○○君のように、勉強ができるようになるといいのにな」などと、他の子どもと比べるのもご法度です。それが兄弟姉妹であってもです。人は皆、子どもであっても、プライドを持っています。ここで言うプライドとは、えらそうな意味ではなく、「自分は自分」「認められる存在」「唯一無二の存在」という意味です。ですから、特に、身近な人と比べられると、自信をなくしてしまいます。

私はこれまで、たくさんのお子さんを見てきましたが、すべての子どもには、必ず良いところがあって、無限の可能性を秘めていると確信しています。**可能性のない子どもなど、この世にたった一人として存在しません。**そして、それをはじめに認めてあげられるのは、なんといっても、お母さんやお父さんだと思います。ですから、くれぐれも、「君にはできない」とか「無理だ」などという言葉を、簡単におっしゃらないでほしいと願います。

## ＡＩ対人間、その勝ち負けについての私の考え

「SONY」「Panasonic」「HONDA」「NISSAN」などの日本製の製品が世界で求められる時代は終わり、いまやGoogleやAppleなどの世界の企業が競ってＡＩ開発を行っています。

私は機会があれば海外のＡＩロボットを開発している現場を見学させていただいていますが、その進化の速さには毎回驚くばかりです。

２０１６年に見た二足歩行のロボットは、雪の日も滑らずに歩くことができるバランス感覚の優れたＡＩでした。その2年後に見たものは、転ばずに歩くだけでなく、50キロの荷物を軽々と持ち上げて、すたすたと運ぶロボットでした。側転やバク転を軽々と披露し、体操の先生の存在を脅かすロボットもいました。

人工知能搭載ロボットの発達でその知能ばかりが取り上げられがちですが、実は身体能力の発達にも目を見張るものがあるのです。

人間はいつかＡＩに知能では負けるでしょう。相手はスーパーコンピューターですから。身体も部品の取り替えで生きていけるロボット。人間よりも丈夫に決まっています。そして、ロボットはうつ病になりません。どんなに働かせても不平不満も言いません。ケガもしないので、労災も必要ありません。経営する側としてはひ弱な人間よりもロボットを積極的に採用するようになるかもしれません。


恐ろしいのは、ＡＩロボットの方は目的や目標がブレないということです。

たとえば、小学生のC君の親が、ＡＩロボットを家庭教師に雇い、「C君を医者になれるような成績優秀者にしてね」と、依頼したとします。ＡＩロボットはC君の性格に合った教え方で見事に医学部合格を達成させるかもしれません（ＡＩロボットは深層学習によって、どういう状況のときに何を言えば人間が喜ぶか、どうすれば人間が怒るのか、あるいは、どう行動すれば人間が同調するか、ということを、人間の性格別に学ぶかもしれませんから）。

もともとの目標は見事に達成したけれど、でも、Ｃ君は本当は芸術の道に行きたかった、医者になどなりたくなかったのだと、医者になってから気がつく……ということもありえるでしょう。

これからのＡＩの進化とともに、私たち人間はこの2つにタイプに分かれていくのではないか、と思います。

**①ＡＩに、自分の将来まですべて決められてしまう人間**
**②ＡＩを使って、自分の将来を決められる人間**

①は、たとえば好きな人がいても、婚礼マッチングＡＩが決めた人と結婚するような人です。「そんなバカな！」と、思われるかもしれませんが、ＡＩを信じすぎてそうなる人もいるでしょう。そしてそれで無事に人生を歩んでいたら、こう思うのです。

「自分の子どもたちもＡＩで幸せになってもらおう」と。もしも、本当に好きな人と結婚していれば、もっと幸せな人生だったかもしれなくても……です。

心が強くないと、実は自分の意思で「学ぶこと」や、「職業」も選べません。今までもそうかもしれませんが、その要因は、お金の有無や産まれた国、宗教などでした。

これからは、何もかもＡＩに委ねようという人が出てくるはずです。つまり、自分よりＡＩを信じて生きるようになる人です。なぜなら、ＡＩは多くの物事を忘れないし、計算を間違えないからです。人間はそこを信用してしまうのです。

ＡＩは人類に多大な恩恵をもたらすことでしょう。しかし、私たちは、操られていく方向性を危ぶんでおくべきだと思います。恐れるのは、実はＡＩそのものではなく、ＡＩを操ることのできる立場になった〝人間〟なのかもしれません。

心を鍛えておく理由は、ＡＩとの勝ち負けではなく、結局は人間世界の問題なのです。だからこそ、人間としてのベースの心の強さ、**「できる」という「自己効力感」に加えて、自分が価値ある存在であるという高い「自己肯定感」を育てること**。そこを忘れてはいけないのだと思うのです。

では、家庭でできる「自己肯定感」の高め方のヒントをお話ししていきましょう。

## 「自己肯定感」のために、まずは〝無条件〟で子どもを受け入れよう

「自己肯定感」を高めるために、絶対にほしいのが「無条件」に子どもを認めるということです。無条件にというのは、「子どもが存在していることをそのまま受け入れる」ということです。

現在の社会は、毎日ほんとうに忙しくて、子どもとまともに話をする時間もないという大人がとても多いと思います。「明日の準備したの？」「宿題やったの？」「早くお風呂に入りなさい！　なにやってんの」などと、すべて命令口調。ず〜っとガミガミ言って、しぶしぶ寝るということが毎日続く。そんなご家庭もあることでしょう。

でも、夜寝る前のちょっとした時間に、次のような言葉をかけてあげてください。

「今日も一日よく頑張ったね」

「よくやっているよね」

ほめる具体的な内容などなくてもかまいません。そして、

「大好きだよ」

「愛しているよ」

という言葉もぜひとも伝えてほしいと思います。


お子さんは親御さんが思っている以上に、外の社会で頑張っています。お父さんやお母さんに、愛されたいから、習い事も、塾も、学校も頑張っているんです。子どもたちは、今日を懸命に生きているということをどうか忘れないでください。

頑張っていることを認められた子どもは、幸せを感じることができるようになります。そして心が満たされた子どもは、自信をもって、自分の人生を切り開いて生きていけるようになります。

「頑張っているね」と直接伝えるのもよいですが、お母さんがお父さんに、あるいは、お父さんがお母さんに、子どもの頑張っていること、良い点を教えてあげるというのも、とてもよいと思います。

「あの子、すごく頑張っていて、私、感動したわ」

そんな夫婦間での会話を、子どもは意外にしっかり聞いていて、確かな自信をつけていくことでしょう。


子どもがこの世に存在している、そのこと自体が素晴らしいことです。子どもが何歳になっても、みなさんのもとに生まれてきてくれたことに感謝の気持ちを忘れないでほしいなと思います。

「大好きだよ」「愛しているよ」という言葉ほど、素敵な言葉はありませんし、この言葉ほど、子どもの存在を肯定するものはありません。親の、子を思う気持ちが、子どもの存在をまるっと認めることになる。すると、子ども自身のセルフイメージがぐっと上がってくることでしょう。

**自分の存在を認めることができる子どもは、他人の存在もまた、価値のあるものと認めることができるようになっていきます。**

他者を大切に思うことができれば、コミュニケーションもスムーズになり、そしてどんな場所でもしっかりと生きていけるようになります。

## ママ友同士で是非やってほしい「子ども自慢」

日本の親御さんは、他人に子どものことをほめられても「いえいえ、うちの子はたいしたことありませんよ」「そんなことないですよ」などと謙遜《けんそん》することが多いですが、実は、自分の子どもがほめられて、素直に認める発言をしないのは日本くらいのもので、世界でもまれな言動なのです。

海外では、自分の子どもの良い点を堂々と人前でほめます。その親の会話を傍らで聞くことで、子どもの「自己肯定感」に、良い意味で大きな影響を与えているのでしょう。

日本の文化・慣習とも言える「謙遜による言動」を変えるというのはなかなか難し

いことだと思いますが、ちょっとしたイベント感覚で、「ほめあいっこ」、つまり、わが子の自慢大会をやってみてください。

自分の子どもの自慢を人前ですることに抵抗を感じるかもしれませんが、事前に親同士で話をしておけば心理的ハードルもぐんと下がるでしょう。

そして、子どもたちが傍にいる状態で、どんどん子どもの良いところをほめていきます（左のイラスト参照）。

なぜ、子どもを直接ほめるだけではなく、ママ友などの第三者を挟んで、間接的にほめることがよいのかというと、実は、ほめ言葉は、直接本人に言うよりも、第三者に言う方が効果があるからなのです。第三者に言うことで、傍で聞いていた子どもは、お母さんやお父さんが、自分を評価してくれている、誇りに思ってくれていたんだなと嬉しく感じることでしょう。

また、自慢大会で相手の親に負けずに自分の子どもをしっかりとほめるためには、

うちの子、やさしいの。この前、私が具合が悪くて寝ていたら……
お母さん、大丈夫？
うちの子だってすごいのよ
座ってください
自慢してくれている！うれしいな！

ほめるポイントをたくさん用意しておく必要がありますよね。

つまりは、事前に子どもの良いポイントを親自身が知っておかなければなりません。

そのためには、日頃から子どもの良い点は何かを見つけておこうと意識することです。

すると、いつもなら、自分の子どもの「できないところ」、「ダメなところ」ばかりに目が行きがちなのが、良いところを見つけようとすると、意外にたくさんの発見があることに気がつくはずです。

そう、子どもには、自慢したくなるほど良い点が山のようにあります。ほめなくちゃ、もったいない！

そして、反対に、絶対にやってほしくないのが、

「○○君、足が速いですよね」

などと他人にほめてもらったにもかかわらず、

「いいえ、そんなのたいしたことないですよ。足が速くても仕方ないじゃないですか。

家ではすごくだらしなくて、私がなにを言っても聞かないんですよ」
などと、まったく主題からそれた形で、子どもの悪い点をあげることです。

読者のみなさんも、小さい頃、親に他人の前で自分のことを悪く言われた経験があるかもしれません。中には、親に言われたあの一言が、もう何十年も経っているのに心のしこりとなっているという方もいることでしょう。

このしこりは、悪いイメージとなって、あなたの「自己効力感」や「自己肯定感」を下げる働きをします。親が何気なく他人に言った言葉でも、子どもはとても傷つくものなのです。大好きなお母さん、お父さんに否定され、しかも、他人に自分の欠点をひけらかされたのですから、深く傷つくのも当然ですよね。

くれぐれも、人の前で、子どもの自尊心を下げるような発言はしないようにしてくださいね。

## 愛なき教育は害
### ～愛されたい、認めてもらいたい子どもたち

自分の子どもが将来、きちんと食べていけるか心配。激動の時代でもなんとか幸せな人生を歩んでいってほしい。そのためなら、できることはなんでもさせないと！と一生懸命な親御さんがとても多いです。

子どもの未来が明るいものであることを願わない親はいませんから、親御さんの想いは痛いほど理解できます。

教育熱心であることは決して悪いことではないですし、前のめりになってしまうことは仕方のないことですが、ただ、一つだけどうしても心に留めていただきたいことがあります。

それは、どんな優れた教材を求めたり、良い塾や学校に行かせ、**できる限り最高の**

**教育を与えたとしても、「愛」がなければ、その教育は効果があるばかりか、「害」にしかならない**ということです。

子どもの資質や性格や成長の度合いを無視した教育は、子どもにとって苦しみでしかありません。「あなたのためよ」と言いながら、実は、親の見栄のためだけに行った教育は、子どもにとって悲惨なものになります。

私はこれまでそんな悲しいご家族や教育現場をいくつも見てきましたが、そのたびに、**「愛なき教育は害」でしかないと感じます。**

教育は親がリターンを求める投資ではありません。子どもが幸せになるための投資です。性急に成果や結果を求め過ぎず、子どもの幸せを祈って、手元にいるあいだに精いっぱい愛してあげてほしいと願います。

コラム

# オール80点より、1科目1万点の価値を認める世界へ

日本の子どもの「自己効力感」や「自己肯定感」が育たないのは、「すべての教科がまんべんなくできるオールマイティな子ができの良い子」と大人が考えているからではないでしょうか。

確かに、これまでは、どの教科でも高得点がとれる子が、良い大学に進み、良い企業にいき、良き働き手となってきました。

でも、これからの時代は、一つの教科で1000点、1万点で、残りの教科は1点というような子ども、学業面だけでなく、スポーツや芸術など、あらゆる分野で、飛びぬけた才能のある子どもの方が活躍できる可能性があるのです。

先日、講演会の後の懇親会で会ったお母さんがこんなことを話していました。

「うちの5歳の息子は、2歳の頃から車のカタログを穴のあくほど見ることが大好きなんです。でも、一日中それればかりやっていることもあって、最近すごく心配になってしまって。男の子だし、もっと体を動かしてほしいなと思っています。

水泳やダンス教室にも連れていったのですが、見向きもしなくて困っています。つい数か月前に、体操教室に連れて行って、『やってみる？』と誘ったら、『やる』と言うから習わせたのですが、すぐに『体操教室に行きたくない』と言い出して……」と。

お母さんが、息子さんのことを想うお気持ちは十分理解できます。でも、果たして、体操教室に通うことが、そのお子さんにとって最良の方法でしょうか？体操教室以外でも、家族で近くの野山をハイキングしてみたり、公園にピクニックをしてみるなど、体を動かせる方法はいくらでもあると思います。車のカタログを穴があくほど見ることがお好きなお子さんであれば、ハイキングやピクニックに行く途中に出会う車を見て楽しむこともできますよね。

車のカタログを穴のあくほど見ている集中力は、素晴らしい才能だと思います。子どもが興味関心の少ないことを穴埋めするよりも、好きだという気持ちをもっと大切に育ててみてはどうでしょう。これからの時代は、それぞれの子どもの強みを見つけて、伸ばしてあげることがとても重要になります。

# 「できないことが悪いことではない」「失敗しても大丈夫」を伝えよう

日本の子どもたちや若者を見ていると、残念ながら新しいことに挑戦する気持ちがとても足りないなと感じます。過度に失敗を恐れているのか、あるいは、かっこつけたいと思っているのでしょうか。

私が伝えたいことは、「失敗など、何度したってかまわない」ということ。なぜなら、若ければいくら失敗したって、それはかすり傷程度にしかならないのですから。

そもそも、**「できないことは悪いことではない」「あきらめることがいけないのだ」**ということを、もっと積極的に伝えることが必要だと思います。

「できる」ことばかりに大人も子どもも注力しすぎると、みんなできる範囲のことにしか挑戦しなくなり、できないことを過度に恐れるようになってしまうからです。

世の中に出て、何かにチャレンジしようと思ったら、はじめからできることよりも、できるかどうかわからなかったり、失敗するようなことの方が多いものです。

私が、インドに自作の教材を単身で売り込みに行ったとき、すでに50歳を過ぎていました。ビジネス英語もできませんでしたし、頼れるツテもありませんでした。はるばる日本から来たというのに、面談の約束をすっぽかされたり、話しても全く相手にしてもらえなかったり、採用の一歩手前で担当者が急に変わって、契約が白紙に戻ってしまったりなど、約2年の間に、いろんなことを経験してしまいました。

しかも、25回以上インドに渡り続けましたが、どこにも教材は採用されることはなく、無意味と思われるような失敗を何度も何度も繰り返していたわけです。

でも、私には**「信念」**がありました。それは、日本の教材をやがて世界の大国となるインドの子どもたちが使ってくれれば、彼らがやがて成長したときに、きっと日本を好きになる。あるいは興味をもつ。そうすれば、多くの日本の子どもたちにきっと良い影響をもたらすだろうというものです。

多くの人に無謀な挑戦だと笑われもしました。でも、あきらめなかったからこそ、いま、インドだけではなく、世界各国の子どもたちに、教材を使ってもらうことができるようになったのです。

「信念」はあきらめない力をもたらします。誰かを守りたいというのも「信念」ですね。「信念」の元となる事柄は、人それぞれです。

それでは、これからの子どもたちが自分自身の信念を見出すためにはどうしたらいいのでしょうか？

それは、**大人が堂々とチャレンジし、失敗もしてみせる。けれどもまたチャレンジする。あるいは、失敗の末に、目指していたことが達成できた経過と結果を見せる。**そのような大人の様子を傍らで見ている子どもたちは、自然と失敗を恐れないようになっていくと思います。ぐちを言わず、ねたまず、あきらめず。

お父さん、お母さんには、常に挑戦する姿勢を見せ続けてほしいと思います。それは、仕事でもいいし、ボランティア活動でもいいし、お料理でもいいし、家庭で家族

やっとうまく焼けた!
メタボ返上だ!
まだまだ自分の足で歩けるよ!
あきらめないってすてきだなあ!

を大事にしている姿でもいいと思います。時にへこたれそうになっても、今日よりも明日に向かって、常に頑張っている姿を見せ続けてあげてください。お子さんはその様子をしっかりと見て、**「できないことは悪いことじゃない。あきらめないことが大切なのだ」**という気持ちを育てていくはずですから。そんな子は、どのような環境の中に置かれても、失敗を恐れず積極的に新しいことに挑戦していけるはずです。

「転落途上国」などと外国に揶揄されている日本社会ですが、今こそ、大人があきらめず、自分自身を肯定することが必要なのかもしれません。

もうすぐ60代に入る私は、正直、仕事においての挑戦をやめたくなる時もあります。けれど今もなお、インド全土、世界全土にさらに良い教材を広めるために邁進しているのは、自分の人生に納得したいから。そして、大人である私たちが、失敗を恐れず、挑戦する姿を見せることが、子どもたちの「自己効力感」「自己肯定感」を育てる一番の教育だと確信しているからです。まあ、体力的には既にきついのですが（苦笑）。

第2章

# 世界で活躍できる「読解力」を育てよう

## ～「読む」ことを苦痛にさせないで！～

「読解力」とは、書かれた文字や数字や図表などをもとに、頭の中でその意味を明確に読み解くことです。これは、いわゆる国語の問題を解くための読解だけでなく、算数や数学の文章題や図形問題等を解く場合にも必要とされる力。また、相手の話を聞き、相手が伝えようとしていることをキャッチして、こちらが伝えたいことを表現する際にも、不可欠な力です。

# 「読解力」は勉強以上に、生きる上で必要となる力

日本の子どもたちの読解力が低下していることは、以前から指摘され続けています。

実は私自身は、塾で教えていた20年前から子どもたちの読解力不足には大きな懸念を抱いていました。国語であれば、教科書の本文を丸暗記し、算数であれば公式を丸暗記して、問題の意味を理解せずに解こうとする子どもたちがたくさんいることに強い問題意識を持っていたのです。

そこで、書かれている内容をイメージしながら解く問題をつくる必要があると考え２００９年に問題集を出版しました。当時は、小さな個人塾を営む主婦が教材を開発したということで話題になり、新聞にも取り上げられました。それから長い間、私は読解力を育むための教材開発を続けています。

**読解力は、この世を生き抜く力そのものであり、何にも優先して育てるべき力です。**

書かれていることの意味を理解できなければ、国語はもとより、算数、理科、社会、もちろん、英語のような外国語を学ぶときにも、書いてあることをそのまま丸暗記することはできても、深い理解は到底できません。

また、読解力が求められるのは、学校の勉強だけではありません。各種試験や手続きなど、生活のあらゆる場面で読解力は必要とされます。

仕事の現場でも、読解力は重要な役割を果たします。仕事上の要点を素早く理解するメールなどのコミュニケーション。生産性や業務効率をアップするために、いついかなるときも必要となるからです。

生活面にしろ、仕事上にしろ、本人は一生懸命にやっているにもかかわらず、読解力が低いために問題が生じれば、損をするのは当の本人です。これらは、子どもが文字を読み始めたときから念頭に置いていただきたいと思っています。

# 文章だけでなく、人間のこころを読み取る力がつく

読解力は、書かれた文章を読み解くだけでなく、あらゆる生活の場面でのコミュニケーション能力にも深く関係します。円滑なコミュニケーションをとるためには、相手の言葉や表情や雰囲気から、意図をイメージし、読み解く必要があるからです。

読解力がつくと、多面的に物事をとらえることができるようになります。すると、相手の考えや気持ちなどを的確に汲み取り、適切な言葉で伝えられるようになります。

子どもたちが働く10数年後、働く環境はいまよりもっとグローバルになり、そこでは、日本人だけでなく、多種多様な価値観や文化背景を持った人たちと協働して生きていく必要があります。そのときに必要になるのが、相手の話や意見を正確に読み解く「読解力」なのです。

## 「考える問題」にお手上げとなる日本の子どもたち

今、学力の定義が変わってきています。

親の世代までは、学校で教えられることをきちんと記憶し、テストで高得点が取れれば良かったのですが、現在の世界ではそれでは全く通用しません。

現在、世界の標準的な学力とされるのは、ＰＩＳＡ型の学力です。ＰＩＳＡとは、ＯＥＣＤ（経済協力開発機構）が15歳児を対象に3年ごとに行っている学習到達度調査です。

ＯＥＣＤは各国が協力しあって、経済や社会や環境面での問題を解決することを目指す団体です。それが掲げる教育のテーマは、**単に学校で習ったことを理解しているかではなく、知識や経験を活用して、実生活のさまざまな場面で直面する課題につい**

**て、自分で積極的に考える能力を育てる**ことです。その一環として行われているのが、「国際学習到達度調査（通称ＰＩＳＡ）」です。

２０１５年に行われたＰＩＳＡの結果を平均得点で見た場合、日本のランキングは科学知識で2位、数学知識でも5位、読解力は8位、という成績でした。ところが、２０１８年は読解力は15位。実は、ＰＩＳＡの問題は、４割程度が記述式の問題ですが、日本の子どもたちは、この記述式の問題に対して、無解答（白紙）の子どもが多かったのです。つまり、自分で考える問題になるとお手上げとなり、書いて答えることができないのです。

たとえ間違っていても、何かしら書いてあるならまだましなのですが、「何も書いていない」ことは間違える以上に問題だと思います。

最近、大学入試の共通テストで記述式の導入が見送られました。その採点の公平性を問題視して賛否両論がありましたが、私は「採点」はあえてせず、与えられたテーマをもとに、原稿用紙に「自分の意見を書く」という必須項目を入れておけばよいの

ではないかと思っています。

むしろ、採点があるために、模範解答が作られ、その模範解答に近づくための訓練を10代、20代の若者が行うというのは、「若者たちの意見や考え」または「表現の仕方」などが教育によって封じ込められてしまうのではないかと案じています。誰かの解答やすでにある解答を予想するテストではダメなのです。

未来において求められている人材は、直面する課題を解決していける人間です。そこに模範解答はありません。

自分で考えた答えを出すために伸ばすべき能力が「読解力」だというわけなのです。

## 小学生のうちに読解力を育ててほしい理由

これだけ読解力が問題視されていても、なお多くの小学校で行われている国語の学習では、漢字を正しく暗記しているとか、与えられた選択肢から答えを選ぶ形式など、本文中から該当部分の短い文章を抜き出すだけの単純なものが主体となっているというのが現状です。

授業で何度も練習した文章と全く同じ文章で出されるテキストでは、子どもは、すっかり文章そのものを覚えてしまっています。

ですから、接続詞や語句の穴埋め問題などが出れば、簡単に答えを導き出せてしまうのです。学校の国語のテストで高得点が取れているから国語力があるとか、読解力があると考えるのは性急です。初見の文章で、テストを行うべきでしょう。

また、私がとても懸念しているのが、今の小中学生が教育改革に取り残されてしまうのではないかということです。

高校は、すぐに大学入試を見据えているため、進学校を中心に変革は期待できます。ところが、高校の教え方が変わってからでないと、中学は変わらず、そうなると、小学校のカリキュラムが変わるのは一番遅いということになります。

脳がその容量もぐんと大きくなるという成長過程にあるときに、しっかりと読解力を身につける必要があります。高校や大学に入ってから、読解力が不足しているといわれても、本人たちは困ってしまいます。ですから、この年齢のお子さんを持つご家庭は、学校任せにせず、やはり、家庭内で読解力をつけてほしいと思います。

# 読解力のカギは イメージング力をつけることにあり！

読書が重要なのはもちろんですが、文章を読んで内容を理解するためには、その文章で使われている言葉から、状況を頭の中にイメージできることが必要になります。

しかし、実は語句の意味を暗記して知っているだけでは、小さな子どもは、内容をイメージすることができません。

つまり、国語の漢字や選択肢から解答を選ぶ単純な問題ができても、文章を正しく要約したり、記述式の問題が解けないならば、結局は文章の内容が理解できていない。これは頭の中でイメージするイメージング力が足りないことが原因と考えられます。

また、イメージングの力が足りないと、自分の頭の中で考えていることを口に出したり、書いたりすることもできません（これは、第4章で話をする表現力にも関係してきます）。

このイメージングの力を、家庭内でも9歳くらいまでにしっかりと身につけられるように意識することがとても重要です。

では、家庭内で読解力をつける方法にはどんなものがあるのでしょうか。

ポイントは次の3つです。

**①家庭内で「聞く」を大切にする**

**②子どもの好きな本を多読させる**

**③「文字脳」をしっかり育てる**

それでは、詳しく見ていきましょう。

## ①家庭内で「聞く」を大切にする

### （1）家庭での会話でイメージング力を伸ばす（0歳〜）

読解力の基礎となる「イメージング力」の基礎は、家庭内の会話でも育てられます。むしろ、その基礎作りは、家庭でできることがすべてといってもよいでしょう。なぜなら、イメージング力は、乳幼児期から、お母さん、お父さんをはじめとする周りにいる人が使う言葉を子どもが「聞く」ことから始まるからです。

家庭では、普段の何気ない会話の中で、意識して言葉を選んで使ってみるとよいでしょう。たとえば、こんな感じです。

朝、雨が降っていたら、「あら、今日は雨がしとしと降っているね」とか、快晴であれば、「すがすがしい朝だね」とか、星空を見上げて、「わあ！　満天の星空。なんてきれいなんでしょう」というような表現を使って言ってみます。

親御さんが使っている「しとしと」「すがすがしい」「満天」などの言葉は、その状況のイメージと共に、お子さんの脳にインプットされていきます。このような言葉を何度も聞く機会があれば、子どもは、その言葉を具体的な状況と共に身につけ、次第に使えるようになっていきます。

そしていつの間にかに子どもは、「しとしとというのは、こんな雨の様子なんだ」とか「すがすがしいとは、こういう感覚のことなんだ」とか、「満天というのは、こんな状態のことなんだ」と、それぞれの言葉の意味を自然と理解していくのです。

反対に、「すご～い！」や「やばい」や「まじで」などという言葉ばかりを多用していれば、お子さんは知らず知らずの間に、その言葉をインプットして、親と同じように使用していくようになります。「これ、やばい味」と言われても、まずいのか、おいしいのかわかりませんよね。まあ、言葉とは時代とともに変化していくものではあるのですが。

親が使う言葉に創造力があり、言葉をたくさん使いこなす楽しさを知れば、言葉のイメージング力はぐんぐん伸びるというわけです。

また、日本語は、擬態語、擬音語が豊富にある豊かな言語です。雨が降る様だけでも、「しとしと」や「ざあざあ」や「さらさら」などの表現があります。雨の形態によっても、小雨《こさめ》、春雨《はるさめ》、霧雨《きりさめ》、時雨《しぐれ》、梅雨《つゆ》などさまざまな表現があります。そんな豊かな語彙をたっぷりと幼児期から聞かせることで、具象を鮮明に頭の中にイメージできるイメージング力を育てることができるようになっていくでしょう。

ですから、まずは、日常の生活の中で、さまざまな種類の良質な言葉を聞く機会をたっぷり与えることが望ましいのです。そして、それらのことを子どもの傍で、日常的にできるのはなんといってもお母さん、お父さんなのです。

## (2)たっぷりの読み聞かせが読解力の土台を創る

子どもが言葉を獲得していくには、たくさんの言葉をシャワーのように浴びる。つまり「聞く」ことがまずは必要なのですが、会話の中に出てくる言葉には限りがあります。特に幼児期の生活体験の場は、家庭内や保育園や幼稚園などで過ごす時間が多くを占めます。その生活の範囲はどうしても狭く、子どもたちが触れることができる

朝はざあざあ雨だったね
しとしと降っているね
明日もぽつぽつ降るのかな

言葉はそう多くありません。

その点、絵本などの中で使われている言葉には、普段の生活の中ではあまり使われない表現もたくさん登場します。昔話や、海外のお話などもたくさんあって、時間や空間を超えて描かれる絵本は、豊かな表現の宝庫。

また、絵本には絵がついていますので、読み聞かせをしてもらっている間、子どもは、絵を見ることで、耳から聞こえてくる言葉の意味を容易に理解することができるという点がとても優れています。そのため、絵本の読み聞かせをたっぷりしてもらった子どもは、イメージする力が育ちやすくなるのです。

また、読み聞かせの効果が期待できるのは、幼児期だけのものではありません。読み聞かせは、小学生になってからでも、ぜひとも続けていただきたいと思います。親が読まなくても、今は、朗読機能のついたアプリがたくさんありますので、それらを活用するのもよいでしょう。

小学生なのに、幼児向けの絵本ばかり好むという場合でも心配いりません。活字の少ない本でも、表現豊かで、子どもの心をとらえる素晴らしい作品はたくさんあります。お子さんが楽しいと感じられるものをたくさん読み聞かせていけばよいでしょう。

好きな本を何度も読み聞かせてもらうことで、子どもは言葉のイメージを明確にインプットすることができます。そして、徐々に自分自身で読む機会が増えていきます。今までの読み聞かせで養われた力をもとに、文字から読み解く力も読解力は飛躍的に伸ばしていくことができるのです。

コラム

## 英語の力もたくさん「聞く」ことから伸ばせる

日本語の言葉の発達は、聞くことから始まると言いましたが、これは、どの言語の学習においても同じことです。

ますますグローバル化が進み、世界で活躍するだけでなく、国内で仕事をする上でも、英語力が重要な時代となりました。

英語を習得する上でも、まずは、耳から「聞く」ことがとても重要になります。

日本人が英語に苦手意識をもってしまう大きな原因は、英語を聞く量が圧倒的に少ないために、会話が上手にできないという不安からくるものです。

また、文法教育に力を入れすぎていることもあり、文法的な間違いを必要以上に恐れるということも要因の一つになっています。

英語を身につける上でとても大切なポイントは、「聴く」ことではなく、「聞く」ことです。「聴く」は英語のスクリプトなどを意識して聞いて理解しようとすることです。他方で「聞く」は、自然と耳に入ってくることです。特に、乳児期～小学生頃までは、生活の一部のように英語が流れていて、その音が自然と聞こえてくるといった環境を与えてあげることが必要です。

具体的なやり方としては、よく知っている英語のアニメや、日頃読み聞かせしてあげている英語絵本のＣＤ音声、また、マザーグースなどの英語の歌などもよいでしょう。

できるだけ子どもが内容をよく理解しているものを選ぶようにしてください。

忙しい毎日ですが、10分～15分でもいいので継続してみましょう。そのとき、子どもがお絵描きをしていようが、日本語の本を読んでいようがかまいません。騒いでおらず、静かな状況であれば、かけ流してＯＫです。

数年もすると、英語を「聞く」ことに脳が慣れてきます。親子で英語をたっぷり聞くことで、子どもだけでなく、お母さん、お父さんの英語力もアップするはずです。ぜひ、楽しくお子さんと取り組んでみてくださいね。という私に英語力はありませんが（苦笑）。

## ②子どもの好きな本を多読させる

### (1)多読でイメージング力を伸ばす

読解力をつけるために、取り組んでいただきたいことは、多読です。特に小さいうちは、少ない数の本を精読するよりも、**たくさんの本を読むことを意識しましょう。**

女優の芦田愛菜さんは、小さい頃からたくさんの読書をしてきたそうです。2019年に刊行された『まなの本棚』では、彼女がこれまで読んできた本の紹介と感想が書かれています。この本の中には、絵本から始まり、ファンタジー、図鑑、小説、日本文学、海外文学など約100冊の本が紹介されています。中学生の段階で、これほど幅広いジャンルの本を数多く読まれていることに感心しますし、のびやかに自分の感想を述べられている点も素晴らしいと思います。

お芝居などのお仕事では、与えられた脚本を正確に読み込み、登場人物の性格や感情をしっかりと把握するためには、高いイメージング力が必要とされます。多読によってイメージング力が十分に育っている彼女は、豊かな女優さんに成長していくだろうことが期待できます。

女優業に限らず、将来どんな職業につくにしてもイメージング力は必要です。そして、その力を鍛えるには、とにかくたくさんの文字を読むということが大事です。

## ③「文字脳」をしっかり育てる

### （1）親が良書を与えるよりも大事な「自分で選ぶ」こと

ただ、ここで注意してほしいことがあります。熱心な親御さんがやりがちなのは、いわゆる「良書」と呼ばれる本を選んで子どもに与えてしまうということです。

親の目から見て良い本を与えたいという気持ちはわかりますが、親や先生が絵本の選定をして、読ませることはひかえ目にしてほしいと思います。そして、読む本を選ぶことを子ども自身にさせてあげてください。
「うちの子は、仮面ライダーのような戦闘ものの絵本しか読みません。大丈夫でしょうか？」とか、「お化けなどの怖い絵本ばかり読みたがります」という質問をされることも多いのですが、戦闘ものやお化けの本ばかり読みたがったとしても、まったく問題ありません。

日本で刊行される絵本や児童書は、出版社側も使われている表現などにかなり注意を払っていますので、子どもが読んで害があるようなものはほとんどないからです。

たとえ、特定の分野の本ばかりしか読まないとしても、9歳までに重要なのは、読む量を増やすこと。**文字に脳が慣れることを優先してください。**

そうすれば、自然に、活字が多く、使われている表現や語彙の難易度も高い本が読めるようになっていきます。

また、多読は本を読むスピード、つまりは「速読」にもつながります。この理由も同じで、脳が文字に慣れるからです。**文字に慣れれば、内容を理解するための処理をする速度も速くなります。**

やがて、たくさんの本を読んだ子どもは、自然と、どんな本が良い本かを自分で分かるようになっていきます。つまりは、関心のある本をたくさん読むことによって、脳が文字に慣れ、本を読む力がつき、抽象度の高い内容も理解できる読解力が育っていくのです。

むしろ、たとえば戦闘ものや怪談の本であっても、読むことに熱中しているというのであれば、多読のスイッチが入った証拠なのですから、大いに歓迎すべきことでしょう。

また、幼児期から低学年のうちに、読

み聞かせをたっぷり行い、自分で本を選ばせてもらって読んでいるお子さんであれば、成長してから漫画だけを好むとか、偏ったジャンルの本しか読まないというようなことにはまずならないでしょう。

なぜなら、本を読む楽しさを知っているからです。たとえ、一つのジャンルであっても本を読む楽しさに触れると、芋づる式に読みたい本のジャンルが広がっていくこともあります。そして、いずれは子どもが、どのような本が「良書」なのか分かるように育てていきたいですね。

## （2）対象年齢は気にしない。本人が興味をもつ本を選ぶ

本には、対象年齢が背表紙などに明記されているものがありますが、その表示にこだわることはないでしょう。子どもが興味を持つ本であれば自由に選ばせてあげましょう。

５歳向けとされている本を、７歳や９歳の子が読んでも何ら問題はありません。

「もう小学生なんだから、小さい子用の絵本なんか読まないの！」などと言って、子

## カリキュラムの特長

### 算数の図形問題や文章問題を イメージして解く力の育成

❶文字・数字から状況をイメージする力

❷図形（空間・平面）をイメージする力

❸美しく、正しい日本語

## お子さんの変化

❶公式を知らなくても解き方が思いつく！
「思考力」を育てます

❷長文読解も文章問題もスラスラ読める
「読解力」を育みます

❸ストーリーを通じて「算数の考え方・
答えの導き方」が自然に身に付きます

★お申し込み・詳細はこちらから ――→

★株式会社タマイ インベストメント エデュケーションズ
〒604-8153
京都府京都市中京区烏丸通四条上る笋町688
第15長谷ビル5F　http://www.kokugoteki.jp/

どもの読書欲をダウンさせてしまうことのないようにしてください。

もちろん、本を読む力のある子であれば、年齢にかかわらず、活字が多く、文字も小さな本でも苦もなく読めるようになります。これは、知識として語い数が増えたり視力が年齢と共によくなったということではなく、活字を読んだ量によって、脳が文字に慣れ、読解できる力が身についたからです。

言葉を機械的にインプットしても、本を読むようになるわけではないし、体重や身長のように、ただ年齢が上がるだけで「文字脳」が身につくわけでもありません。

本人の読みやすい本を、たくさん読ませてください。本の種類や難易度にかかわらず、子どもが選ぶ本をどんどん読ませる。このことを心がけて、楽しく多読を進めていってほしいと思います。

# 音読の落とし穴
## ～幼児期、低学年の音読の間違いは直さない（3歳～）

子どもが自分で文字が読める段階になると、声に出して読むことが多いでしょう。小さいうちは、自分が発する声の音声と文字を照らしながら読む方が理解しやすいものです。音読をして本を声に出していくことを繰り返していくうちに、次第に、目でとらえた文字列の区切り目を瞬時に判断して、書かれている文字の意味を理解する力が養われていきます。ですから、ご家庭では、幼児期から低学年にかけては、音読はできるだけたっぷりと行うようにしてください。

ただし、ここで注意が必要で、音読を正しくさせようと思うがあまり、お子さんの音読の読み間違いを過度に指摘しないこと。この時期の音読では、詳細にこだわらないことが大切です。

たとえば、「おなかが　すいてる　ことなんか　わすれて　しまった　おじいさん」と読むべき文を、「おなか（が）　すいてる　こと（を）　わすれて　しまって（た）　おじいさん」（おむすびころりん　光村図書　1年生）のように、読んだとしましょう。

（が）が省略されて、（なんか）が（を）になってしまっています。さらに、（た）が（て）に代用されています。すると、聞いている親としては、ついつい子どもの間違いを指摘したくなってしまうものです。

でも、これらの間違いは、**読む力がつく過程でごく普通に起こる間違いであり、この段階で逐一直す必要はない**のです。

この段階で直すことばかりに注力し、さらに、注意の仕方が子どものプライドを傷つけるようなものであった場合、子どもはショックで正確に文字を読むことばかりに気を遣うようになり、文章の内容に心を向けることができなくなってしまいます。それどころか、「音読」に苦手意識を持たせる危険もあります。

何度も何度も直しを要求されると、緊張し、萎縮し、自信もなくなり、音読自体が「嫌い」という気持ちにもなってしまうでしょう。

また、子どもに一文ずつ交代で読み回す音読方法は、音読するという行為自体に気を取られ過ぎて、全く内容がイメージできない場合が多く、あまり感心できません。

ですから、たとえ間違いだらけの音読をしていても、しばらくは「大きな声で読めたね」「よかったよ」とほめてあげることが重要です。何よりも、楽しく読んでいるうちに、どんどん読むことが好きになれば、読書量が増えていきます。

もちろん、音読という方法を否定しているのではありません。とにかく、本に対して、苦手意識をもたせないことが重要なのです。

たくさんの本をどんどん読んでいくと、音読から黙読に移行したときも、文章のイメージ化がスムーズになり、本読みが楽しくなります。そうなると、もう読書が大好きになり、さらにイメージング力を伸ばすプラスのスパイラルに入っていけるようになるというわけです。ですから、音読の初期段階では、できるだけ口出しせず、黙ってにこにこと聞いてあげてくださいね。

# 読んでいる途中で辞書を引かせないこと

子どもが夢中で本を読んでいるときに、子どもが、「お母さん、この〝おごそかな〟ってどういう意味？」って聞いてきたら、あなたはどうしますか？

くれぐれも、「辞書を引きなさい」と言わないでいただきたいと思います。なぜなら、せっかくの読書が中断してしまうからです。

辞書を引きなさいと言われた子どもは、読んでいた本を置く。辞書を手に取る。そして、「あいうえお」の順に辞書のページをゆっくり開いて、「おおお、おごそかな」という文字にやっとたどりつくという感じになってしまいます。

でも、お目当ての言葉が見つかった頃には、もう今まで読んでいた本の内容は頭から抜けてしまっているでしょう。さっきまで、本の内容を頭に描いて楽しんでいたのに、そのイメージはごっそり消えてしまっています。

辞書を引き終えて、また読み直しても、本の内容を思い出すまでには時間がかかってしまいます。これでは、本を楽しんで読めませんよね。

しかも、小さいお子さんが辞書を引いたところで、「おごそか」という言葉の解文で使われている言葉の意味は、ほとんどわからないということになりがちです。この学習方法でできることと言えば、せいぜい語句の意味がテストで出されたら選べるという程度ではないでしょうか。

ではこの場合、お母さんはどう答えたらよいのでしょうか?

正解は、「**わからない言葉があっても、最後まで一気に読んでいいよ。わからない言葉は後で一緒に調べよう**」と言うことです。

一度本を全部読み終わってから、お母さんと一緒に辞書を引けばいいわけです。

一度最後まで本を読み終えてみると、本の内容が頭に入っています。さっきまでわからないと思っていた言葉が何個かあっても、なんとなく意味が推測できたり、あるいは、わからないことって全体のほんの一部だったということに気が付き、気にならなくなることがあるのです。

辞書引きは、本を読みながらするべきことではありません。

子どもが本を読み始めた頃の「読書の目的」は、「知識を得る」ことではなく、「本を楽しむ」「本を好きになる」ことであるからです。

## 想像できる子は、新しいものを創造できる

多読によって読解力がつくと、頭の中でいろんなことを想像できるイメージング力もアップしていきます。その力が新しいものを生み出す創造力へとつながります。

現在の子どもたちが大人になる10年後、15年後には、ＡＩの進化などにより、現在ある職業の多くがなくなり、新しい仕事やサービスが生まれていると言われています。

ＡＩに代替できない価値ある仕事につくためには、問題の原因を整理したり、統合させたり、発想を豊かに広げたりして、よりニーズの高い新しい仕事やサービスを創り出す力が求められています。

それができれば、現在の仕事がなくなったとしても、間違いなく食べていけるでしょう。

食べていけるどころか、しっかりと稼ぐ力が備わるのです。世界のどこで生きていくとしても心配はいりません。

**答えのない問題に向き合い、自ら解決策を見出していくためには、私は、妄想レベルの爆発的なイメージング力が必要**だと考えています。妄想レベルとは、一見、実現が不可能なほど、ぶっとんだ発想です。

妄想レベルの想像について私のエピソードをお話しさせてください。

私は２０１０年に、インドに自分が創った教材を売りに行こうと考えましたが、周囲の人から見れば、常軌を逸する行動だったようです。

お金もコネもなく、英語もできない50歳過ぎの日本人が、インドに単身で行って、自分で創った教材を販売するなど、冷静になって考えると確かに妄想レベルの行動だったと思います。

「自分で創った教材が、果たして世界レベルで通用するものなのだろうか？　そうで

第106回「美しくないと…」の巻

なければ、世界で生きていくことになる日本の子どもたちに胸を張って使わせることにならないのではないか？　世界で通用する教材であるかどうかを確かめるには、やっぱり世界で使ってもらって、認めてもらわないといけない」といった、極めてまじめな考えからの行動ではあったのですが。

もし私が、インド人にツテがないからとか、お金が潤沢にないから難しいだとか、英語ができないから無理だとかいう一見もっとものような理由（いや、もっともです）で、インドに行くことがなかったら、今日現在、玉井式がインドの子どもたちに使われることもありませんでした。

でも、実は、このような妄想レベルの想像から、イノベーションが生まれるように思います。そして、その妄想は爆発的なイメージングの力によって生み出されるようにも思います。

**そして、妄想レベルの想像に行動が備わったとき、新しい未来を作り出す**のだと思います。机上の空論のような想像では意味がありません。そしてまた、ただの「妄想」で終わらせないためには、行動する勇気が必要です。

失敗を恐れないほんの少しの勇気と共に、ものごとの論理性や構成力も必要となりますが、その根底には、「読解力」が必要であることは言うまでもありません。

# 知識の先取り学習に大事な時期を費やさないで（3歳〜）

教育改革が進められ、読解力や表現力をつけることの重要性が叫ばれながらも、やはり知識の先取り的な教育に親はどうしても走りがちになってしまいます。

でも、それはある側面では仕方がないと思います。なぜなら、先取り教育でできることのほとんどは、目に見えてその成長ぶりが明確にわかるものが多いからです。

たとえば、「2歳でひらがなもカタカナも読める」「3歳で掛け算九九がすらすら言える」「5歳で漢字が書ける」、そんな我が子の姿を見るとついつい嬉しくなりますよね。

でも、ちょっと考えてみてください。これらはすべて、覚えてやらされていること。つまり、まだ情報量の少ない脳に、「暗記」をさせているわけです。2歳で字が読めたり、3歳で九九がスラスラ言えても、6歳、8歳になれば通常はみんなできることです。そのように、ある時期が来れば誰でもできてしまうことだけに、大切な幼児期の時間を費やすことはあまりにももったいないと思います。

3歳の子どもが九九の暗唱ができても、九九の本質を理解していない場合が多いものです。5歳で漢字検定に合格しても、その知識を使って、本が読めたり、自分の考えを文章にして表現できなければなんの意味もないただの暗記作業です。

いままでは、漢字をたくさん知っていることや、速く計算ができること、歴史の年号を知っていることが勉強ができる一つの指標とされましたが、それらはテクノロジーを活用すれば簡単にわかることばかり。知識よりも、持っている知識を使って、自らの考えを発信し、何かを提案したり、創造できることが大切です。そのための基礎が、「イメージング力」なんです。

特に、6歳までの時期は、子どもは右脳で考えることが多いと言われます。右脳は直感や感情をつかさどりますが、その時期にこそ、たくさんの豊かな言葉を聞かせて、イメージング力を育てるようにしてください。

コラム

# 日本の子どもの睡眠時間が足りない

イメージング力を育てるうえで、絶対に欠かせないことがあります。

それは、お子さんに十分な睡眠を与えるということです。

日本の子どもたちは世界の子どもたちに比べると、寝る時間が少ない（次ページ上図）ことが懸念されています。なんと夜10時以降も起きている3歳児の数が年々増えている（次ページ下図）ようです。

十分な睡眠がないと、成長ホルモンが正常に分泌されず、子どもの成長にさまざまな悪影響が出てしまいます。４歳～６歳では10時間～13時間、７歳～12歳までは９時間～11時間くらいの睡眠が必要と言われ、不足すると、疲れやすかったり、意欲がなくなったり、集中力も低下します。そんな状態で、いくら習い事や勉強をたくさんやらせても意味がないどころか、子どもは疲労してしまうだけです。

また、睡眠不足は、大人になってからの健康にも大きな悪影響を及ぼすことがわかっています。

幼児期～小学生のうちは、とにかくたっぷりの睡眠を与えること、これはお母さん、お父さんしかできないことですよね。

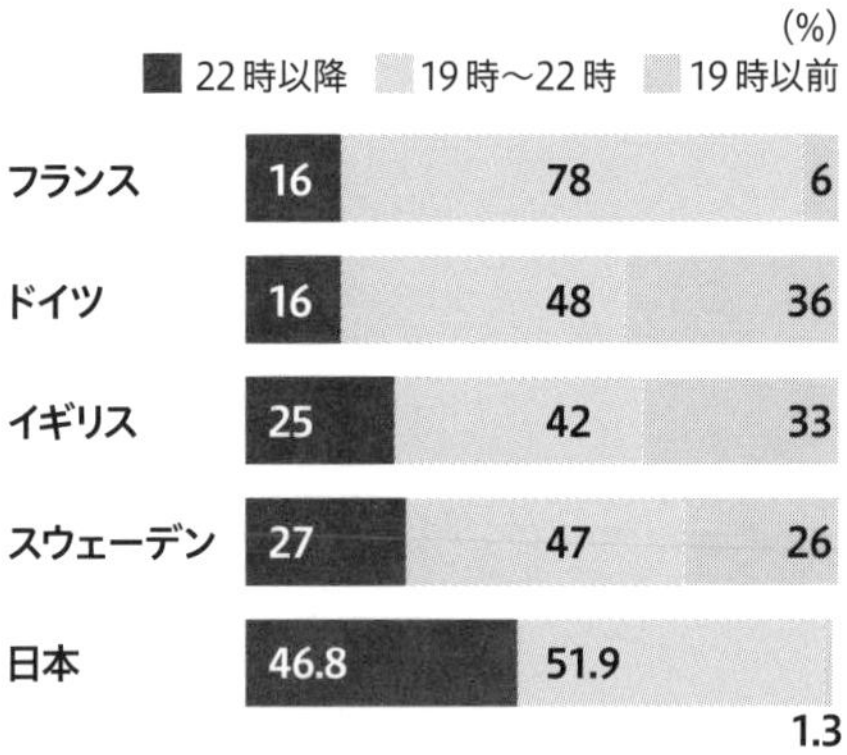


※日本はパンパース赤ちゃん研究所調べ（04年12月実施）、各国はP&G Pampers.comによる調査（04年3,4月実施）。日本は0～48カ月、各国は0～36カ月対象

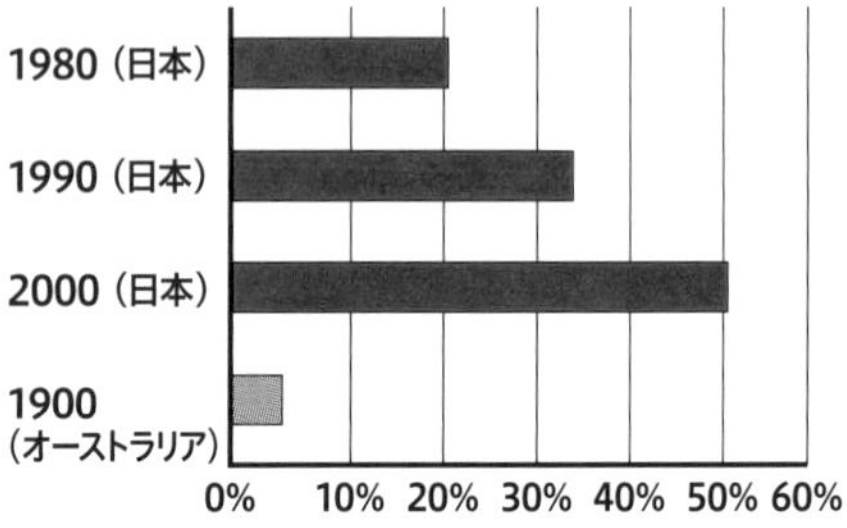


（『眠りを奪われた子どもたち』岩波ブックレット621より作成）

# 豊かな自然の中での遊びほど、イメージング力を伸ばすものはない

幼児期のうちは、たくさん自然の中で遊ばせてください。

太陽の光や雨風を体で感じたり、鳥や虫たちの鳴き声を聞いたり、草花のにおいを嗅いで気分が解放されたり、取れたての野菜を食べてうまいと感じたり、砂や葉っぱに触れたり虫を手で捕まえたときの感触など、自然の中で遊ぶことによって、「見る」「聴く」「嗅ぐ」「味わう」「触る」という五感が研ぎすまされます。その実体感がイメージング力を育て、ひいては読解力につながるのです。

また、自然の中で遊ぶことは、心揺さぶられることが多いでしょう。どれだけ感動体験をさせられるかが、幼児期にもっとも大切なことなのです。

なぜなら、人間はこれらの五感を通じて、感情が生み出されるからです。自然の中

で体感した心揺さぶる感情が、生きていくための力、情熱やパッションを生み出していきます。幼児期で養った、幸せな感覚は生涯にわたって勇気ある行動を促していきます。私も幼少期には、よく祖父が川へカニ採りに連れていってくれました。いまでも、川の上流に行くと、そのときの無邪気で、幸せだった感覚がよみがえります。

そのときの体験は、50年以上たった今も記憶の奥底に眠っていて、私の人としての感性を育ててくれた貴重なものだと感じています。

脳が完成する9歳までは、机に座って下を向かせて勉強させるだけではなく、上を向いて自然の中で満喫する時間を作ってあげてください。

第3章

# 世界に負けない「数学的思考力」を育てよう

～「考える」ことを苦手にさせないで！～

この章では、今後ますます必要となってくる「数学的思考力」を育てることの重要性について述べていきます。特に、多くの子どもたちが苦手とする図形問題とそれに関連する「空間認識能力」の伸ばし方についてもお話しします。

# 世界のＳＴＥＡＭ教育、日本の現状は？

ここ数年、盛んになってきているＳＴＥＡＭ教育。これは、科学（Science）・技術（Technology）・工学（Engineering）・数学（Mathematics）の教育分野を総称した「ＳＴＥＭ教育」に、Art（芸術）が加わったものです。ＳＴＥＭだけでなく「創造性」も必要であるという考えが世界の教育界でスタンダードになっています。科学技術の知識と創造力から、新しいものを生み出す人材教育が重視されているのです。単なる理系の人材教育ではなく、感性や直観力を合わせもった創造力のある人材を、育てていこうという傾向が世界各国で強まっています。

この教育は、教育大国のシンガポールやインドなどの新興国でも盛んです。シンガポールでは、すべてのセカンダリースクール（日本の中学校に相当する教育機関）で

ＳＴＥＡＭ教育が実施されつつあり、２０２３年までには、小学校でも実施される予定です。

インドでは２０１５年から、６歳～18歳の子どもたちを対象にしたＳＴＥＡＭ人材を育成するためのプロジェクト、「ＲＡＡ（Rashtriya Avishkar Abhiyan）」を開始しています。これは、テクノロジーと創造性に重点を置き、学校での学びを実生活の中につなげたり、科学や数学を楽しくかつ有意義な活動にしようとする動きです。

私自身もインドでのＳＴＥＡＭ教育を重視する学校をいくつも見てきましたが、本格的なカリキュラムが組まれていて、見るたびに驚かされます。玉井式を導入している学校の一つ、「ＤＰＳラーニング」という学校では、４～６歳児が対象の幼児部でもアートの授業が盛んに行われるなど、早い時期からＳＴＥＡＭ人材を育てようという姿勢が感じられます。

今、インドは経済成長が著しいため、教育への予算配分がしやすくなっていることもあり、ＶＲ（VirtualReality：仮想現実）やＡＲ（AugmentedReality：拡張現実）など多くの資金が必要となる教育インフラの整備にも多額の投資がなされています。

# インド人エンジニアを雇って分かったプログラミングのセンスとは？

現在、私の会社ではインド人のエンジニアが多数在籍しています。複数のエンジニアを雇ってみてわかったことがあります。それは、エンジニアといっても、人によってコードの書き方のセンスが全く違うということです。

アプリケーションに同じ動きをさせるにしても、それぞれのエンジニアの書くコードの書き方、特に行数に差が出るというものでした。そのコードの長さの差は、10倍以上も違うこともあるのです。コードが長くなると、アプリケーションは動くには動くのですが、スムーズな動きをしないなどの不具合が出てしまいます。優れたエンジニアは本当に美しいコードを素早く書きます！

多くのエンジニアと仕事をしていく中で気がついたのですが、この違いは、年齢や経験値の差でなく、数学的思考力の差だということが分かってきました。

プログラミングの場合は、数学的思考力の中でも、順序立てて考える「論理的思考力」が特に重要になります。**「論理的思考力」は、無駄な式は省き、最適な手順でコードを書くために必要な力です。**

しかも、その能力は大人になってから訓練してもなかなか身につきにくいものです。実際、長く無駄なコードを書くエンジニアにアドバイスや注意をしても、あまり改善することはありませんでした。

これは、暗記重視の勉強をしてきた弊害なのではないかと思います。覚えてきたことだけでやろうとすると、初級段階のプログラミングでは問題はないのですが、ちょっと複雑なものになると応用が利かなくなってしまう。まさに、算数や数学でつまずくパターンと全く同じです。

丸暗記ではなく、なぜそうなるのか意味が分かってこそ、良質なコードが書ける。すると、応用がいくらでも利くようになります。小さいころから暗記型ではなく、考えることを重視した数学的思考力を育ててきたかどうかの差であると思います。

## 理系、文系に関係なく「数学的思考力」が必要な時代

これからの時代は、理系、文系という区分けにはあまり意味がなくなり、どの分野で生きるとしても、最低限の「数学的思考力」が必要となります。

ＡＩ戦略、データサイエンス、ＩｏＴなどの知的集約産業を主導し、新しいサービスを生み出したり、社会が抱える課題を解決していく基盤になるのが、数学的思考だからです。

私立文系のトップである早稲田大学の政治経済学部では、２０２１年の入試問題から数学を必須化すると発表されています。これは、政治学や経済学を学ぶ上でも、グローバルリーダーとして活躍するためにも、「数学的思考力」は必須であることを意味しています。数学的思考は研究や一部のリーダーだけに求められるものではなく、

すべての人に求められるものです。

日本の中で、なんとなく察し合える日本人同士で会話をし、仕事をし、生きていける時代ではなくなっています。文化や慣習が違う人たちと生きていくには、論理的に考えて明確に表現していくことが必要になります。

私自身、日本では阿吽《あうん》の呼吸で難なく分かり合えることなのに、インド人とビジネスをする場合は、伝わりにくいと感じることが多々あります。「どう伝えたらわかってもらえるかな」と考えないといけないわけです。そのとき、論理的な数学的思考ができれば、曖昧な点なく明確に意思疎通ができます。

また、かのアインシュタインの名言に「もっとも偉大な科学者は、同時に偉大な芸術家でもある」というものがあります。

科学（理系）と芸術（文系）は一見相対するもののように感じられますが、実は、二つの要素は相容れないものではなく、どちらも人間や社会にとって必要なものなのです。

# 計算は得意なのに文章題は苦手…の意外な理由

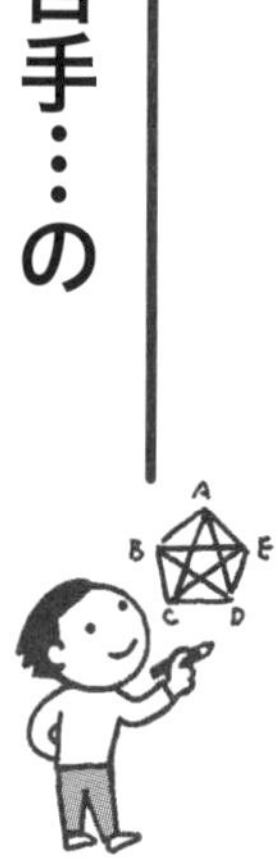


就学前から計算問題などの先取り学習をして、足し算や引き算などの計算を子どもにやらせる親御さんは少なくないでしょう。たくさんの計算プリントを解くことで、確実に子どもの計算スピードを上げることは可能です。正確な計算能力は算数の基本ですので、できることは大変良いことだとは思います。

ところが、早く答えを出すことばかりに注力すると、考えることをせずに、作業的にすぐに答えを導き出そうとする癖がつくことがあります。

ちょっと複雑な文章問題や考えることを要求されるような図形問題になると、一気に思考停止状態になって、まったく解けないという場面に出会うこともあるのです。

大量の計算問題をあっという間に解く我が子をみると、つい、「うちの子は計算が速い！」と喜んでしまうのは親心としては自然なことでしょう。でも、もしかしたら、考えずに機械的に答えを出す習慣がついているかもしれないということを、大人側は少し意識しておくことが必要だと思います。

意味をしっかり理解していなくとも、パターン化されているために解けてしまう問題ばかりに取り組んでいる場合も同じです。

たとえば「足し算の単元のところだから、足し算の式になる文章問題が出る」という流れになっている教科書や問題集は少なくありません。そのような教材を使って問題を解く子どもの中には、**「あわせて」という言葉を見ると、瞬時に、「＋（たす）のだな」と判断してしまうことがあります。**

**文章の意味をしっかり理解して解くのではなく、「ちがいは」と書いてあると、「引き算だな」とそのキーワードで計算をするのです。**

事実、文章問題ドリルの中には、出てくる数字の部分だけを拾って足し算や引き算をすれば、正確な答えが導き出せる問題が多く、子どもが問題文の内容を理解しているのか、あるいは、パターンで解いてしまっているのかを把握しにくいことがあるのです。類題を繰り返し学習するという方法で文章題を解き、○（まる）をもらい続けていると、少し問題文が複雑になると、急に「解けない」という事態に陥っていく子が多く残念に感じています。

実際、小学校4年生くらいから一気に算数への苦手意識が芽ばえてしまうことは、10年ほど前から言われていますが、今も同様の問題が続いています。

**算数における読解力とは、文章問題の意図を正しくイメージし、式に落とし込める力**なのです。ところが、このイメージング力が弱いと、計算問題はできても文章問題になると一気に解けなくなってしまうことになりがちです。

反対に、文章の意図することを正しくイメージすることができれば、どんな問題でも、じっくり考えれば、「わかる」し、「解ける」ようになっていくのです。

# 数学的思考力の基礎を育てる、お手伝いの秘訣

数学的思考力を高めるために、ぜひ家庭の中で取り組んでいただきたいことがあります。それは、お手伝いを積極的にさせるということです。

実際の生活の中の具体的な物を通して「数」にたくさん触れる経験をしていると、数と具体物との関係がイメージできるようになるからです。「重さ」や「体積」などの量の感覚や、物事を順序立てて考える論理的な思考力も育てることができます。

たとえば、お皿と箸をテーブルに並べるだけでも、数の概念が育ちます。

お風呂の掃除をすることで、体積の感覚を養うこともできます。

ピザを6等分や8等分にさせてみると、割り算や分数の感覚も身に付きます。

お味噌汁やホットケーキをつくるお手伝いで、グラムやリットルの概念を理解した

り、順序立てて物事を考える力もつきます。

昨今、子どもに工作やクッキングを体験させるイベントなどがありますが、そのほとんどは家庭内でできるものばかりです。家ならお金もかからず、家庭内のコミュニケーションも育まれます。ぜひ、楽しみながら数学的思考力の基礎を育ててみてください。

# 「先生、公式忘れたので問題が解けません」

現在、国内外の子どもたちが使う教材を開発している私ですが、かつて和歌山県で約20年間、学習塾を経営し、現場で先生をしていました。その塾は、現在も小学1年生から高校3年生までが通う地域密着型の学習塾として存続しています。

「はじめに」でも触れましたが、なぜ塾経営から、教材開発の世界に足を踏み入れたのか、改めてお話しさせてください。

実は、小学生の子どもたちに教えている中で、「あれっ?」と思ったことがきっかけとなったのです。

ある日生徒が、「先生、植木算を忘れたからできない」と言ってきました。

この子どもの発言に私は、「忘れたって、どういうこと?」と思いました。

「できない」ということよりも、「忘れた」という言葉に大きなショックを受けたのです。

つまり、子どもたちは、「植木算」の公式を丸暗記していただけで、公式の意味をまったく理解していなかったのです。

「植木算」とは、道に沿って端から端まで等間隔に木を植えていったとき、必要な木の数を求めたり、木と木の間の幅を計算するための公式です。

「（木の数－1）×間の距離＝全体の距離」

で表されます。

それぐらいは、ちょっとイメージすれば思い出せる公式です。

つまり子どもたちは、まず公式を丸覚えして、膨大な反射反復によって解答していたというわけなのです。そのとき私は、公式の暗記力と計算力が優れた子どもを育てる教育をやり続けてきてしまったということに愕然《がくぜん》としました。教師として、既存の教育法に洗脳されていたことに、ハッとした瞬間でした。

計算問題は結構できるのに、文章問題になると一気にできない子どもが増える。

その原因は、**文章に書かれていることをイメージできていなかったから**なのです。

小学生の算数で、最も子どもたちが苦手意識を感じるものの一つに「割合」（5年生）がありますが、多くの子どもたちは、割合の意味を理解せず、割合を求める公式である「くもわの公式」を丸暗記します。

意味を理解していませんので、公式を忘れると簡単な「％」も出せない大学生が続出することになるのです。『「％」が分からない大学生 日本の数学教育の致命的欠陥』（光文社新書）では、「2億円は50億円の何％か」が答えられない大学生が多くいるこ

とが指摘されていますが、意味を理解せずに、公式を暗記して解かせてきた教育する側の責任はとても大きいと思います。

また、6年生になると「速さ」を学びますが、これも多くの子どもが苦手意識を感じる単元です。

そして、これまた多くの子どもが意味を理解せず、「はじきの図」などの公式を丸暗記します。速さ、時間、距離を計算するこの公式さえ覚えてしまえば、あとは「求めたいものを隠す」ことで、公式を作ることができるというものです。

しかし、これも同様に、公式を忘れると一

気に解けなくなるのです。

ここに挙げたのは、ほんの一例です。

まず子どもたちに身につけさせるべきものは、具体的なイメージを頭の中に描くイメージングの力であると強く感じました。

そこで私は、自分の頭で考える力を養う教材をつくることにしたのです。問題に書かれている内容をきちんと頭の中でイメージして、自分で図を描き、式も書けるようになってから、公式を教えるという教授法に切り替えていきました。

この方法で「速さ」を学べば、しっかりと理解が深まります。なお、現在、玉井式の教え方で学んだ子は、小学校2年生でも速さの問題を理解して解くことができます。

その後、「植木算」「速さ」だけでなく、小数や整数、分数、図形など様々な教材を開発していきました。

国内のある大手塾に、私が作成した教材をお見せすると、「欲しかったのはこんな教材だよ！」と採用していただけることになり、その後、急速に教材を導入してくださる塾が増えていきました。

これが、玉井式が誕生した背景です。

玉井式の「国語的算数教室®」では、公式に頼らず、物語を読み解いて問題の意味を考え、算数の問題を解きながら、同時に国語の読解力や表現力を高めていきます。２０１０年の発売以来、全国の優良学習塾が次々と教材を導入してくださいました。また、空間認識能力を育むために「図形の極®」を開発しました。

しかし、日本国内では認められてきたという手ごたえは充分にあったものの、自分が創った教材が本当に子どもたちの能力を伸ばすものであるかどうかを、もっときちんと確かめたいと思うようになりました。そして、２０１４年からインドで活動し始め、紆余曲折を経て、今では多くのインドの学校で玉井式の授業が行われています。

それでは、ここで少し玉井式の「国語的算数教室®」の問題をご紹介しましょう。

DPS ラーンチ。幼児部の様子

図形脳を鍛える「図形の極®」を勉強中

（3）　ララさまを　のせた　馬車《ばしゃ》が　きえてしまったのは、橋《はし》を何《なん》m　すすんだところですか。

式《しき》や考《かんが》え方《かた》

答《こた》え

（4）　1分間《ぶんかん》に　133m　すすむ　馬車と、1分間に　120m　すすむ　馬車では　どちらが　はやく　走《はし》っていますか。また、この2台の　馬車が　同時《どうじ》に　同《おな》じ　方《ほう》こうへ　走りはじめると、3分間で　何m　はなれますか。□に　数字《すうじ》を　書《か》き入れなさい。

**1分間に□m　すすむ　馬車が　はやく**

**走っているので、同時に　走りはじめると**

**3分間で□m　はなれる。**

**2**　マギーと　子どもたちは　下の図《ず》のように、『にじ色《いろ》のふん水広場《ひろば》』から　1分間に　20m　すすみ、5分間　歩《ある》いたところでブラッドおじさんに　出会いました。ブラッドおじさんの家《いえ》は広場から　600m　はなれています。□を　もとめる式をたし算《ざん》の式と　かけ算の式を　書いて　もとめなさい。

たし算の式

かけ算の式

## 玉井式の問題例 ①

国語的算数教室
こくごてきさんすうきょうしつ
全98回
対象学年 小学1年生～3年生

第55回

# ものがたり算数《さんすう》

**1** 下の 絵《え》は 物語《ものがたり》の 中の へいしの 話《はなし》です。
これを 読《よ》んで つぎの といに 答《こた》えなさい。
答えには たんいも 書《か》きなさい。

ララさまを のせた 馬車《ばしゃ》は、よていより ９分《ふん》
おくれて １０時《じ》５４分《ぶん》に 橋《はし》を わたりはじめましたので、
１１時ちょうどには 橋を わたりおわるはず だったのですが、
１０時５６分に まぶしい光《ひかり》と ばくはつ音《おん》と ともに、
あとかたもなく きえてしまわれ、橋も、ララさまも、馬車も
どこにも 見当《あ》たりません。
橋の 長《なが》さは ７９８ｍ。馬車は １分間《ぶんかん》に １２０ｍ
すすむように 走《はし》る よていでしたが、おくれていたので
１分間に １３３ｍ すすむように 走りました。

（１） おくれなければ、ララさまを のせた 馬車は、何時《なんじ》何分に
橋を わたりはじめる よていでしたか。

式《しき》や考《かんが》え方《かた》

答え

（２） ララさまを のせた 馬車は、橋を わたりはじめてから
何分後《なんぷんご》に きえてしまいましたか。

式や考え方

答え

68　第55回 ものがたり算数

## 3年生の解答例です

☆おはなしをつくろう！

あるひくまがあそんでいる間にどこかにおかあさんがい
なくなっていました。おかあさんがでたのはだいたい午前4時37分
で、いま午前4時47分だから追いつくはずだとおもっ
たからくまは、にもつをもっておかあさんをさがしに行きまし
た。なんかいかこけたけれどさがしました。いつもまにかまわりは
木でかこまれていました。今は午前4時56分でした。おかあさん
は、まったくみつかりませんそしてどんどんすすんでいってあまり遠く
へいってはいけないといわれたことをわすれていて3分間で40m
74cmのはやさですすんでいきました。

☆問題

(1) くまは、遠くにいくとき、1分間に何m何cmずつ近づい
ていきましたか。ひっさんの式をかきなさい。

ひっさんの式

1m＝100cm

40m74cm＝4074

```
   1358
3)4074
  3
  10
   9
   17
   15
    24
    24
     0
```

答え13m58cm

自ら考えて問題をつくれるのは、本質を理解しているからです。

## 玉井式の問題例 ②

玉井式 国語的算数教室《こくごてきさんすうきょうしつ》
全98回
対象学年 小学1年生〜3年生

第55回

# おはなしそう作《さく》れんしゅう

● 算数《さんすう》の　もんだいが　作《つく》れる　おはなしを　そう作して、
そのもんだいの　式《しき》と　答《こた》えを　書《か》こう。

おはなし

もんだい

式や考《かんが》え方《かた》

答え

70　■第55回 おはなし　そう作　れんしゅう■

「見て解く」から「読んで解く」へとステップアップしていきます。

**2**　まよいこんだ者《もの》は　レインボージュエリーに　近づくとき
何分間　かけて　近づきましたか。
筆算《ひっさん》の式《しき》も　使《つか》って　考えなさい。

筆算の式や考え方

答え

**チャレンジ！**

**3**　リンボのオオカミは、レインボージュエリーを　ふくろに
しまうとき、何こずつ、何ふくろに　分けて　しまうつもりですか。

式や考え方

答え

こずつ

ふくろに
分ける。

## 玉井式の問題例 ③

玉井式 国語的算数教室
こくごてきさんすうきょうしつ
全98回
対象学年 小学1年生〜3年生

第90回

### ものがたり算数《さんすう》
～よんで　かんがえよう～

『まよえる者《もの》よ、お前は　この世《よ》が　にくいか、ねこ族《ぞく》が　にくいか。
それならば　お前の望《のぞ》みを　かなえることが　できる、８色に　かがやく
まほうの石を　さずけてやろう。』

　リンボのオオカミは　そう言うと、自分の　足元に　そっと、８色に
かがやく　レインボージュエリーを　おきました。リンボに
まよいこんだ者と　レインボージュエリーの間《あいだ》は　２５２ｍありました。
まよいこんだ者は、レインボージュエリーの　かがやきを　たよりに
１分間に　７ｍずつ、おそるおそる　進《すす》みます。そうして　ようやく
その者が、レインボージュエリーを　手にしたとき、オオカミは
うれしさのあまり　ほえそうになる気持《も》ちを　ぐっとこらえて、言いました。
『そのレインボージュエリーは　大切に　持っておくこと。そして
毎日　ねがいごとを　心の中で　となえれば、きっと　かなうだろう。』

　まよいこんだ者が　キャドック王国に　帰るのを　見とどけた後、
オオカミは　色いろ　作戦《せん》を　考えました。
『レインボージュエリー　一つでは　キャドック王国への　通り道が
せまいから、わしの　大きな体が　通れるよう、もっと　たくさんの
レインボージュエリーを　キャドック王国の　いぬ族に　わたさないとな。
今　持っている　レインボージュエリーが　１００こある、その　$\frac{1}{2}$は
いぬ族に　分けてやろう。いぬ族に　分けた後の、のこりの　レインボー
ジュエリーは　$\frac{1}{5}$ずつに　分けて　ふくろに　しまっておこうか…』

　オオカミが　色いろ　考えていたので、その間に　小さな　かげが一つ、
キャドック王国に　向《む》かったことには　全《まった》く　気がつきませんでした。

88　■ 第90回 ものがたり算数 ■

コラム

# 教科書準拠の教材ではないのに学校のテストが簡単になる

玉井式の教材は、学校で使われている教科書に準拠のものではありませんが、使っている子どもたちが口々に言うのは、「玉井式の教材をやっていると、学校のテストがとても簡単に感じる」というものです。実は、玉井式のテスト問題の平均点は約50点です。初めて受ける子の場合は、30点位ととても低い点数になることも珍しくありません。

はじめは、文字をたくさん読んで理解することに慣れていないので、文章問題を最後まで時間内に解くこともままならないからです。でも、読解力が育つうちに、30点が40点、50点となり、学校の勉強が簡単になるというわけなのです。

また、玉井式で学んだ小学生が、私立の中高一貫校に進学し、トップの国公立大学に入学した実績が多々あります。玉井式で勉強したことは、本当に得な勉強だったなと生徒たちが感想を残してくれています。難関大学への合格がすべてだとは思いませんが、読解力が身についていることをとても嬉しく思います。

# 学校のカリキュラムでは不足しがちな図形感覚

図形の中にある規則性や法則を見つけだしたり、立体的なものをイメージしたり、数学的思考力の中でも「代数」とは別に「図形的感覚」が必要になります。

「図形的感覚」は、とても大事な能力なのですが、学校ではその力を体系的に育てるカリキュラムが不足していると感じます。

現在多くの学校で使われている低学年向けの教科書では、簡単な平面図の内容しか入っていません。ある教科書では2年生までに習う図形のページ数は多くても20ページほどしかありません。

中学入試正答率の低い問題

| |
|---|
| **1位：図形** |
| **2位：速さ** |
| **3位：規則性** |

高校入試（過去３年）分野別の出題率

| |
|---|
| **1位：図形** |
| **2位：数と式** |
| **3位：方程式** |

そこで習うのは、「円」「三角」「四角」「長方形」など、幼児でも理解できるものばかりです。しかも平面図のみで、立体図形はまったく登場しません。立体図形は、低学年の子どもには理解が難しいという理由が背景にあるようです。

ところが、低学年ではごく簡単な図形問題しか学んでいないのに、高学年になると一気に図形問題が難しくなって、苦手となる子がとても多いのが現状です。中学受験でも図形問題がネックになっている子は少なくありません。また、高校入試でも図形問題は出題率が高いのです。

平面であっても、立体であっても、図形を頭の中でイメージする力は早い段階から身につけていくことが重要です。

# 図形問題が不得意な子の2つの原因

中学受験でも図形問題は多く出題され、平均で3分の1ほどが図形に関する問題です。トップの中学校などでは、約半分が図形問題という学校もあります。しかも、そのほとんどは問題文から自分で図を描く、つまり作図をして解くことが前提となっている問題です。

この問題の意図は、パターン化されたものが解けるだけでなく、試行錯誤して、自分の頭の中でイメージしたものを図に描き、求めるべき面積や線の長さを導き出すことを期待しているものです。つまり、イメージする力を試しているというわけです。

また、図形問題を解かせることで、どのくらい「考える力」があるのかを見ています。パターン化された計算問題を速く解けるかではなく、情報を整理し、筋道を立てて考える力があるかは、図形問題を解かせてみると一目瞭然ということなのでしょう。特に、複雑な図形問題は、瞬時に答えが出ませんので、答えが出るまでに、あきらめずに粘り強く考える力が必要になります。

図形が得意な子と、不得意な子の違いは主に次の二つの原因があると思います。

## ❶そもそも空間・平面のイメージができない

図形の問題を解くためには、見えない部分、つまり、辺や頂点、切り取ったときの切り口や、切り開いたときの展開図が見えるようにならないといけません。つまり、頭の中で、そのことがイメージできていないと解けないのです。

図形に強い苦手意識を持っている子は、問題用紙に印刷された平面の図形のままで見てしまっていることが多いです。図形のイメージング力がないと、平面に描かれた展開図を立体化することができませんし、立体を切り開いて、平面化したときに、どことどこがつながるのかもわかりません。

一方で、図形が得意な子どもは、複雑な形であっても、補助線を引くなどして、図形を分解して考えようとします。

## ❷ 用語や図形の定義・定理を理解できていない

また、図形を正確にイメージするためには、用語や図形の定義・定理を正確に理解する必要があります。しかし、その理解があいまいだと、正確に読み取ることができませんし、間違った図形をイメージしてしまうことになります。

たとえば、「平行四辺形」や「二等辺三角形」と書かれていたら、それらがどんな性質をもった図形であるかを正確にイメージできなければ、正解は導き出せません。

日本の学校のカリキュラムでは、数量的な計算問題はかなりの時間をかけるのに、図形問題となると、練習量がかなり乏しく、体系的なカリキュラムになっていません。実は、図形の問題も段階的に積み重ねる必要があるのです。

中学生になっていきなり回転体が登場しますが、混乱する子が続出します。そもそも、図形のイメージが頭の中で描けていないのですから当然です。そんな状態で、立体の体積を求める公式を文字式を使って丸暗記で覚えるものですから、苦手意識が吹き出すのもやむをえないのですね。

実は、低学年の子どもでも、立体図形や回転体や展開図の理解は、適切な手順を踏んで教えれば、十分理解可能なのです。「三角形を回転させたら、円錐になる」なんてこともきちんと理解できます。「小さいから理解できない」というのは、図形問題を難しく考える大人側の判断であって、低学年でも立体的な図形を理解することは十分可能であり、もっと早くから積極的に触れていくことが大切だと思います。

特に、立体図形を理解するのに必要な「空間認識能力」は主に右脳が司っていると言われています。右脳の働きが優位な小さい時期から立体図形に触れると、イメージがしやすく、苦手意識を持つことなく取り組むことができやすいのです。

むしろ、9歳以降になって、理論的な思考を司る左脳で思考する時期に達してから、いきなり難しい図形を学ばせる方が負担が大きいでしょう。

## 色々な図形

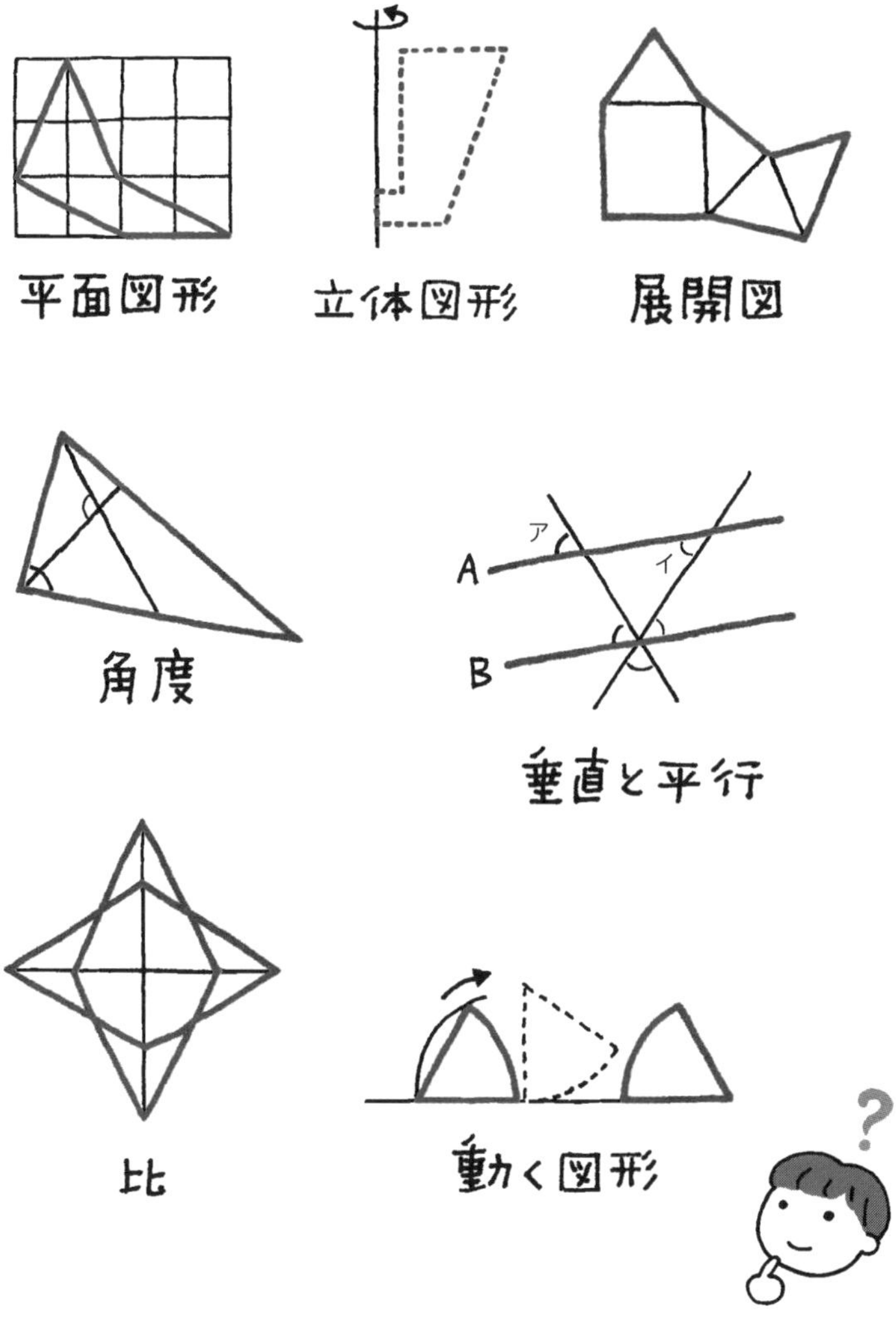

## 世界の子どもたちが使っている玉井式「図形の極®」

玉井式には「図形の極®」という図形のイメージング力を鍛える教材があります。

これは、図形を頭の中でイメージしながら組み立てる習慣を積み重ねて、公式に頼らない図形脳を育てていく映像解説をベースにした図形専門のカリキュラムです。

動画教材を取り入れることで、黒板やテキストからでは理解しにくい立体図形、回転体、展開図でも、無理なく理解が可能になります。

しかも、学年単位ではなく、10段階の進級式なので、一人一人の理解度に合わせて進めることができますので、できる子はどんどん難易度を上げていくことができます。

一段一段級が上がっていくことで達成感が得られ、図形問題を解くことがとても好きになっていきます。

玉井式は教科書準拠ではありませんし、特定の学校に受かるための教材でもありません。子どもたちの将来にとって、必要となる能力を効率よく伸ばしてあげるために最適な内容になることを目指しているからです。子どもたちが学ぶ目的は、子どもたちが将来にわたって使える力をつけることであり、学校のテストで満点を取ることでも、受験に合格できればそれで良いというものでもないからです。しかし、結果的に学校での学習は充分にできる力がつきます。

「図形の極®」は、インドをはじめ、香港、シンガポール、ベトナム、オーストラリア、ブラジルなど多くの国の子どもたちが使って学んでいます。

インドでは、２０１７年から政府が管轄する小中高一貫校である「Kendriya Vidyalaya Sangathan」で導入され、またインドで第３位の成績（CBSE TOP 100 2017（class XII）より）を誇る、名門私立の「ＤＰＳラーンチ」でも導入されています。この学校の過半数の生徒が、インド工科大学や、アメリカのマサチューセッツ工科大学などの名門大学に進学していきます。

コラム

## 世界統一テスト！ ～世界の子どもたちと図形のイメージング力で競争！～

グローバルな社会で負けない子どもを育てるためには、日頃から世界を意識することがとても重要だと思います。

すでに海外で使われている「図形の極®」は、今後もさらに多くの国々の子どもたちに広まっていくでしょう。

月1回実施される世界統一テストの『極チャレンジ』というものがあるのですが、これは何かというと、日頃「図形の極®」で勉強している世界中の子どもたちが、月に1回オンライン上のテストを受けて、その正答率と解答にかかった時間を元にランキングを競うというものです。50位までが表示される結果発表には、日本国内だけでなく、海外の子どもたちもランキングされています。

「インドの○○君よりも、ランキングが上になった！」とか、「今月のランキング1位はシンガポールの子」だとかを見ると、子どもたちの世界で競争する意識を育てていくことができます。

**結果発表（ベスト50位）**

2019年　　月　チャレンジレベル　レベル1　表示

**極チャレンジ結果**

| 順位 | 名前 | 県名・州名 | 国 | 正答数 | 時間 |
|---|---|---|---|---|---|
| 1位 | やまもと | 京都府 | Japan | 30問 | 9分39秒 |
| 2位 | さとう | 山形県 | Japan | 30問 | 11分28秒 |
| 3位 | つじ | 徳島県 | Japan | 30問 | 14分46秒 |
| 4位 | Yash | India | India | 29問 | 6分20秒 |
| 5位 | くすだ | 兵庫県 | Japan | 29問 | 7分32秒 |
| 6位 | Medha | Delhi | India | 29問 | 8分50秒 |
| 7位 | ゆうちゃん | 北海道 | Japan | 29問 | 10分 5秒 |
| 8位 | Rita | Singapore | Singapore | 29問 | 12分13秒 |
| 9位 | かわかみ | 埼玉県 | Japan | 28問 | 5分21秒 |
| 10位 | よこやま | 福岡県 | Japan | 28問 | 6分35秒 |
| 11位 | しまだ | 奈良県 | Japan | 28問 | 13分26秒 |

もちろん、この「極チャレンジ」以外でも、家庭内でも世界への意識を高めることは十分にできます。たとえば、オンライン英会話なども、海外の子どもたちと一緒にグループでレッスンを受けられる等のサービスも多数存在します。世界のさまざまな国の子どもたちも英語を学んでいることを知り、英語を学ぶモチベーションを育てることができますよね。

今後ますます、ＩＴテクノロジーを活用して、世界の子どもたちが同じ教材を使って学んだり、同時に同じ授業を受けられるようなサービスが増えていくことでしょう。通う形式の習い事に比べて費用も抑えられる場合も多いので上手に活用したいものですね。

# 未来の職業に必要とされる「空間認識能力」

図形感覚の一つに、「空間認識能力」がありますが、この力はぜひ、意識して伸ばしていってほしい力です。

「空間認識能力」とは、物体の大きさや形状だけでなく、位置や方向や時間の感覚など、その物体が三次元空間と時間のなかでどのような状態になっているかを正確に、すばやく認識する能力です。数学的思考に大きく関与する能力であり、実際に、この能力が高い人は、数学や科学に強いことがわかっています。

実は、「空間認識能力」は、どの子どもたちも将来働くときにも必要とされる力です。

職業であれば、たとえばエンジニアや建物の設計士などに特に必要とされる能力です。製品や建物の設計図を作成するときに、「空間認識能力」が乏しいと、立体を図面に起こす仕事などを遂行するのに支障がでるでしょう。

また、「空間認識能力」が高い人は、だれも思いつかなかったようなユニークなアイディアを思いつくことがあると言われています。目に見えないものでも、頭の中で想像したり、ゼロからものを生み出す力となります。「空間認識能力」は、創造力やイノベーションと関連して主要な役割を果たしていて、クリエイティブな発想をすることができることに価値がある現代においては、とても重要な力となるのです。

また、「空間認識能力」が高いと、ものごとの全体像を素早く的確に把握し、本質を見抜くことができます。これは、経営者や管理職などにも求められる力です。

多種多様な人々が共に働く未来において、全体を把握し、マネジメントする力はますます稼ぐ力にも直結していくことでしょう。

# 身近なもので図形のイメージング力は鍛えられる

この「空間認識能力」は、訓練によって向上させられるものだと言われています。ご家庭で図形のイメージング力を育てる方法をいくつか紹介しましょう。

## ❶ 折り紙で遊ぶ

折り紙は、昔からある遊びの代表格ですが、図形センスや空間認識能力を育てる優れたものです。正方形の折り紙を縦半分に折ると、長方形になったり、斜め半分に折ると三角形になることを体験を通して学ぶことができます。

また、先を考えたり、見えない部分を想像する工程がいくつもあります。また、立体物をつくる場合は、立体をいろんな角度から見たりする体験ができます。

## ❷ 方向や大きさなど空間を意識した言葉を使う

「このパンを切ったらどんな形になるかな？」

「保育園や幼稚園の鞄の中に全部入るかな？」

など、親御さんが、空間を意識した言葉を子どもに投げかけてみるとよいですね。

## ❸ 身近にある空き箱で工作をする

ティッシュやお菓子の空き箱などを壊して、広げて平面にしたり、また組み立てて立体にしたりなどすると、平面と立体がどの

ように結んでいるのかをイメージできるようになります。

他にも、筒状のポテトチップスの入れ物等を使って「こういう形を円柱っていうんだ。円の柱だよ。柱みたいにまっすぐでしょ」と話をしてみます。そして、中のポテトチップスがどのように収まっているのかを見ていきます。

このように、まずは身近にある形に興味を持たせるといいでしょう。

## ❹タングラムで遊ぶ

タングラムとは直角三角形や平行四辺形、台形などの形ピースを組み合わせて、図形を作っていく遊びです。ピースを裏返したり、方向を変えたり、試行錯誤することで、考える力や集中力とともに、図形の感覚が養われていきます。

市販のパズルを利用しなくても、タングラムで遊ぶことはできます。

たとえば、折り紙を上記のように切って、4つの二等辺三角形を作ります。その組み合わせによって、さまざまな形を作るという遊びをするのもよいでしょう。

　このような遊びをすることで、一つの図形の中には、いろんな三角形が入っていることがわかります。特に、年齢の小さなお子さんの場合は、手を使って図形を動かしたり、作ってみたりする経験がとても大事です。

## ❺積み木やブロックを利用する

　ブロックを組み合わせて立体造形物を組み立てることは、3Dの空間を意識させるおもちゃです。将棋棋士の藤井聡太さんは、「キュボロ」という5㎝の木製の立方体でできたスイス製のおも

ちゃでよく遊んでいたそうですが、ブロックは「空間認識能力」を高めるには最高のアイテムです（天才は生まれつきかもしれませんが）。

「空間認識能力」は、脳の性差の関係で女性より男性の方が一般的に優れているという研究結果があります。しかし、女の子も、ブロックでお城やお家をつくるなど、「空間認識能力」を促す遊びもできます。ぜひ、親御さんが一緒に遊んでみてください。

## ❻ 時間を常に意識させる

「時間」という目に見えないものを操る能力も一種の「空間認識能力」です。

「20分だけお手伝いしてくれる？」「○時までにはお風呂に入ってしまってね」など、何か行動を促すときに、制限時間を設定してみましょう。常日頃から、時間を意識していると、時間の感覚が育ちます。やがて、子ども自身が自分で「○分位でできる」などと思えるようになったら大したものです。

## ❼ 立体物を描かせる

お絵描きをするときに、電車や家など立体物を描くように促すのもよいでしょう。

お子さんの中には、自然と立体的な絵を描けるようになる子もいますが、最初から、立体的に絵を描くことは難しいものです。

お子さんの傍で大人が立体の電車や車などの絵を描いてみせると、子どもは真似をして描くようになります。絵の上手い下手は気にせず、どのように描いたら、立体になるか一緒に考えながら描いてみましょう。

## ❽ 地図を遊びの中に取り入れる

手書きの地図を作るのもよいでしょう。3〜6歳くらいの子どもであれば、部屋の中のどこかにおもちゃやお菓子などを隠して、

その隠した場所の地図を描いて探させてみるとよいでしょう。

子どもに地図を描かせて、親の方が探しあてるというのも楽しいですね。動物園や遊園地に家族で行くときなどには、地図を子どもに持たせて、行きたい場所を案内させるという方法もあります。

## ❾ 外遊びをたっぷりさせる

「空間認識能力」を高める最高の方法として、外遊びは外せません。

飛んでいる虫を捕まえるには、飛ぶ方向を予測してイメージしなければなりません。

野球のキャッチボールをするときには、相手が取りやすいところにめがけて投げることを意識しなければなりませんし、サッカーでは相手が蹴ったボールがどこに行くのかを予測して動かなければいけません。

## ⑩ 図形を描かせる

小学生低学年頃からは、図形をフリーハンドで描く練習をすることもお勧めです。

最初は、コンパスや定規を使ってもよいでしょう。平面図形を描けるようになったら、今度は、「柱体」や「すい体」などの立体図形を描いてみましょう。立体を切り開いた、展開図に挑戦してみましょう。これらの図を描けるようになると、面積や体積を求めることも難しくなくなっていきます。

ここで紹介したものは、「空間認識能力」を高めるだけではなく、「創造力」や「自制心」や「やりぬく力」など、学力テストでは測れないけれど、今の時代を生きていくのに、とても重要となる「非認知能力」を高めてくれるという利点もあります。ぜひ、ご家庭でやれるところから取り組んでみてください。

# 普段の生活やスポーツの分野でも こんなに役立つ能力

たとえば、「タンスの中に物がきちんとしまえる」「この椅子の大きさならば部屋における」「地図上でいま自分がどこにいるのかがわかる」など、社会に出てからも必要とされる基礎的な力が「空間認識能力」です。

この能力が低いと、道路を走っている乗り物と自分の距離とが正確につかめず、事故にあいやすくなったり、車で合流や車庫入れが上手くできないこともあります。

「空間認識能力」はスポーツでも、大きく役立つ能力です。特に、サッカーや野球などの球技や、フィールド上に人が散らばるような競技においては、この能力の差が、スポーツの能力にも関連してきます。

コラム

# 天才エンジニアは高校生

わが社には、高校生の天才エンジニアが在籍しています。彼は通信制の高等学校であるN高等学校（学校法人角川ドワンゴ学園）に通いながら、京都の本社でエンジニアとして働いています。

彼がネット上に掲載していた求人情報を見て、わが社に応募してきたのは16歳のとき。正直「若すぎる」と思い、私も人事担当者も、最初は採用する気はまったくありませんでした。

しかし、せっかくだからということで面接をしてみると、なんと総務省主催のITのコンペティションで入賞経験などの実績があることを知り、採用することにしたのです。

それから約1年後の今では、すっかりわが社のエース社員として大活躍しています。

彼の主な業務は教材アプリケーションの開発です。インド支社の年上のインド人エンジニアたちとは、翻訳ソフトを使ってコミュニケーションを取り、彼が指示を出して日々新しい教材を創っています。

現在の翻訳ソフトは性能が上がっているため、日本語の指示は英語に、また、英語で来るメールもかなり精度の高い日本語に変換されるので、言葉の違いによる業務に支障はありません。

彼曰く、「プログラミングで必要な力はやっぱり数学です。でも、僕は初めてプログラミングを知ったのが小学生のときだったので、数学は独学で勉強しました」と。

人は、面白いと思うものを見つけることができれば、自分自身でいくらでも努力し、学んでいくことができるということを、彼を見ていると改めて痛感します。

「一緒に教育界のGoogleを創っていこう」と二人で夢を語り合うこともあり、今後の活躍をますます楽しみにしています。

彼のように才気ある若者が、自分の才能を発揮していきいきと生きていけるような教育やサポート体制が、今の日本にはもっと必要だと強く思います。

第4章

# 世界で通用する「表現力」を育てよう

## ～子どもの「伝えたい思い」を封じ込めないで！～

「表現力」は現代の日本人に不足している力の一つです。ここでは、国際社会に通じる「表現力」とは何か、そして、その伸ばし方についてお話ししていきたいと思います。

# 5歳でもしっかりと意見が言える海外の子どもたち

海外の学校では、自分の意見をきちんと言えることを重視した教育がされています。たとえば、欧米では、幼稚園相当レベルの子どもたちでも、みんなの前で発表する時間が設けられています。

その代表的なのが「show and tell」。これは、みんなの前で自分で決めたテーマについて発表するというものです。何を話すかは自由。最近楽しかったことでも、自分で描いた絵についてでも、なんでもOK。こんなアクティビティを小さい頃からしているのですから、ある程度の年齢になると、自分の意見がしっかり言えるようになります。

インドの子どもたちも、小さい頃から自分の意見を言うことが当たり前という環境で学んでいます。私が担当する10歳の生徒のクラスで、「意見がある人は手を挙げてください」と言うと、「はい！」「はい！」「はい！」と一斉に手が挙がって驚きます。まさに、我先にといった感じです。発言内容もさまざまで、日本の学校では聞かれないような奇想天外な意見も出てきます。生徒同士も先生も、解答がどんなものであっても気にするという感じはありません。基本的に発言することは自由なのです。

一方で、日本の教室ではどうでしょう。

先生が意見を求めても、「シーン」となることが多いですよね。「あなたはどう思うかな？」と聞いてみても、「特にありません」などと答える子も珍しくありません。

教室内では、正解を述べなければ恥ずかしいし、友達に笑われたくないといった雰囲気があります。

また、大人が正解とする答えを忖度《そんたく》してしまい、自分の考えを自由に発言するということを積極的にしようとはなかなかできないようです。

これは、成長の過程で自分の意見を自由に発表する機会がほとんどないことと、大人が先に「答え」を持っていて、そこに誘導するような指導法を行っていることが一因だと思います。

幼稚園や保育園の発表会と言えば、大人によってカスタマイズされたセリフを丸暗記して、上手に言えることが評価されるようなもの。小学校では、プレゼンらしきものはありますが、それも、事前に話す内容が決められていて、先生からの指導を受けて丸覚えしたセリフを正確に言うだけのものが多いようです。

小学校の高学年から中高生となると、さらに本人の自尊心も芽生えるからか、発表そのものが「没個性」なものになっていく風潮が見られます。

## プレゼン能力がなければ、人生は生き抜けない

日本では、プレゼンと言えば、会議で自分の企画を通したり、新規プロジェクトを進めたりといったイメージが強いのですが、プレゼンは人生のあらゆる場面で効果を発揮します。

たとえば、就職活動中の大学生が、企業の入社試験を受ける場合は必ず面接があります。そのときに、志望動機を聞かれ、自己アピールをする必要がありますが、これもまた立派なプレゼンです。

型通りの自己アピールをするような学生は企業も欲しがりませんので、日本語での自己プレゼンすら型にはまったものしかできない人は、今後ますます職を得ることが

難しくなるでしょう。

営業マンであれば、当然プレゼン力がないとお客さまから信頼を得たり、納得してもらうこともできないので、モノを売ることはできません。

仕事だけでなくプライベートのあらゆる面でもプレゼンはつきものです。

恋愛は、好きな異性に自分をアピールするというプレゼンです。自分の魅力を効果的に伝えて、相手の気持ちを引きつける必要があります。

プレゼンとは、「人生のあらゆる場面で必要とされる大切な力」なのです。その力は大人になってから一朝一夕に身につけることは難しく、幼いときから意識して訓練しておく必要があります。

そして、プレゼン能力を育む始まりの場は、やはり家庭にあると思います。その方法については、後ほど詳しく述べたいと思います。

## グローバルな場でのプレゼンは不測の事態の連続

学校の指導要領で、「表現力」が大事だということになると、「プレゼンの練習をしよう」という動きになるようです。もちろん、ある程度は練習をしてできるようになるでしょう。

しかし、まずはいくつかの重要なポイントを押さえておく必要があります。

第一に、**そもそも自分の考えをしっかりと持っていること**です。

私はこれまで、海外で教材を使ってもらうために、数多くのプレゼンを行ってきました。数百人ものインドの保護者や学校関係者を前に、プレゼンすることも多々ありました。

国際舞台でのプレゼンは日本人だけを相手にするものとは天と地ほども違います。日本で行うプレゼンは、「プレゼン内容を参加者が静かに聴いてくれる」ということが前提にあります。ですから、プレゼンの資料も、話す順番に沿って事前に準備することがほとんどです。しかし、海外では集まった参加者全員が、資料の流れに沿って、最後まで聴いてくれることはまずありません。

話をし始めると、20分も経たないうちに、「それはどういうことだ!?」「私はこう思う」などと質問や意見が上がってくるなんてことも、当たり前に起こります。

たとえば、そろばんのやり方を説明していて、まだ一桁のやり方を話しているのに、「二桁はどうやるのか?」とか、「5個しか玉がないじゃないか!」とか、どんどん意見が出てきます。

「だから今から、その話をするわけなんですけどね」と思いつつ、「その点については、後ほど説明しますので、少々お待ちください」と答えようものなら、「なんでだよ。いま説明しろよ」と言ってくる。そしたら、また違う人が「静かにしなさいよ！」とか言って、今度は、ヒンディー語で話し始める。こうなるとヒンディー語がわからない私は黙って見ているのですが、わが社のインド人スタッフにヒンディー語を英語に訳してもらって、なんとか進行していきます。

日本だったら最後まで聞いてくれるかもしれないけど、海外でプレゼンをしようとしたら、やっている途中にガンガン質問がある。最後まできちんと聴いてくれることなんてほとんどない。それに耐えながらどんどんやっていく必要がある。それができないと相手にされないと言っても過言ではありません。

けれども、自分の考えをしっかり持っていれば、途中どうなっても、目的に向かってプレゼンを行えばいいのです。私の場合は、玉井式の教材を学校で使用してもらうという目的があるわけです。だから、どんなにプレゼンが横道にそれても、目的に向かって、聞き手を誘導していけばいいのです。

**プレゼンテーションの目的は「聞き手に行動をしてもらうこと」**。「行動」とは、聞き手に提案を受け入れてもらったり、商品やサービスを購入してもらうことです。そのためには、聞き手が欲しがっている情報をイメージする、イメージングの力が必要になります。

ところが、日本人は往々にして、その目的ではなくて、プレゼンの方法やスキルばかりに注力してしまっていると感じます。方法やスキルを勉強することは大切なことではありますが、何よりも**「自分の考え」と「目的」をしっかりと自分の中に落とし込んでおくことが重要なのです**。そうすれば準備していた進行と違うことが本番で起こってしまっても、落ち着いて進めていけると思います。

また、日本の場合は、プレゼンが一通り終わった後に質疑応答の時間が設けられていて、プレゼンの途中で質問をしようものなら、「質問は後にしてください」というようなことを言いますね。

でも、海外のプレゼンの場で、質問は後にしてくださいなどと言ったら、「この人、無能なんだな」と思われてしまうだけです。私自身はこれまで、数々の国内外のプレゼンに参加してみて、たくさんの失敗をしてきました。

質問をしてくれている人が、決定権を持つ人だったりすることもあるのです。その人の質問に瞬時に明確に答えることができなければ、そのプレゼンは商品やサービスが良いものであったとしても失敗に終わる可能性が高いということを押さえておく必要があるでしょう。

特に、インドや中国の優秀な人たちは、プレゼン中にもどんどん意見を言いますので、**臆せず、自分の考えをしっかり伝えられるように、それこそ子どもが幼い頃から表現する力を育てていく必要がある**と思います。

ＡＩを使いこなす側になるためにも、表現する力は重要不可欠であり、日本の教育の大きな課題の一つとなっていくことでしょう。

コラム

# グローバルな教育には、グローバルな世界を知る人が必要

グローバル教育の必要性が叫ばれていますが、やはり、真にグローバル教育を目指すのであれば、その教育をするにふさわしい教員を活用する必要があると思います。

日本の大学の教育学部を出てすぐに教壇に立つというのでは、なかなかグローバルな教育を行うのは難しいように思います。今の時代に合わせた教育学部を設計し直すべきかもしれません。1～2年程度、語学留学した経験があるだけでは足りないでしょう。むしろ、社会に出ていろんな経験を積んだ人が、教育の世界で活躍すべきなのではないでしょうか。

特に、中高生においては主要五科目はタブレット教育でまかなっていくことが増えていくでしょう。教員にはますます〝人間力〟が求められていくものと思わ

れます。

また、本当の意味での、グローバル教育を目指すというのであれば、できれば、海外で仕事をした経験のある人を積極的に採用するというような制度が必要だと思います。

たとえば、英語の教員としてのみならず、外国人を他の科目にも積極的に活用するような柔軟な教員採用システムがもっと日本に広まれば良いと思います。

思えば、教育学部というのは、本当に重要な学部です。既存の教育方法にとらわれ過ぎず、しかし基本的学力はおさえつつも世界の情勢を見据えた未来の教育の実践が求められています。それは、試行錯誤でも構いません。まずは、一歩でも前進することが必要です。未来が大きく変わる時代の境目にあるいま、正しい答えを探すのは不可能です。検討ばかりを重ねているうちに、手遅れになりそうですので。

# 日本の教育から抜け落ちている クリティカル・シンキング＝「批判的思考」

プレゼンの能力に加えて、日本人にとても足りないと感じるのが、クリティカル・シンキング＝「批判的思考」です。

ビジネスの場で、「どうしてですか？」「なぜそう思うのですか？」というような質問に、相手を嫌な気持ちにさせずに、理路整然と即答できるようになりたいものです。

なぜ、この批判的思考が重要かというと、事実を正確に分析して、問題点を発見し、課題を解決していくことが求められる時代には、皆が当たり前としている事柄や、無理だと思うことに対しても、「なぜ？」と疑問を抱いたり、「本当にそうだろうか？」「それは本当に正しいのだろうか？」などの問いや仮説を立て、検証し、本質を見極める力が必要になるからです。

ところが、日本の教育では、ほとんど批判的精神を育てる機会がありません。和を大切にするあまり、黙っておとなしく言うことを聞くように教育されてきたからです。また先生や教科書に書いてあることを正確に覚えればよかったことも一因にあると思います。先生や親が言うこと、あるいは教科書に載っていることなどを、素直に信じる子どもが良い生徒とされてきました。

大人の出す正解を探す教育ばかりを受けていると、発展的で深い思考はできなくなり、創造的な思考や行動などもできにくくなってしまいます。

それは本当に正しい答えであるのか？　なぜそうなるのか？　と批判的に問いを立てて、納得のいく答えを自ら導き出し、相手も納得させることのできるスキルを身につける教育が早急に必要です。

# 家庭でできる
# クリティカル・シンキングの育て方

批判的思考というと、相手の意見を否定するような響きに聞こえるかもしれませんが、本来は、良い思考を養うために、「他者と自分の両方に発せられる問い」です。

批判的思考をよりわかりやすくイメージしていただくために、玉井式の教材開発当初の話をしましょう。

私が塾で教えていたときに使っていた教材は、学校で使用されている教科書準拠の教材でした。塾は学校の成績を上げることが命題ですので、当然の話です。

でも、特に算数において、生徒の学年が上がるにつれて、同じような単元で必ずと言っていいほどつまずいてしまう子どもたちの様子を見て、本当にこの教材が子どもたちの学力をアップすることにつながっているのだろうか？　という強い疑問を持ったのです。

**〈常識〉**

「教科書準拠の問題集を使うべきだ」

**〈仮説〉**

・教科書そのものの教え方や学ぶ順序は正しいのか？
・子どもたちは本当に学力をつけられるのか？
・この教え方以外に方法はないのか？

いろんなことを検証した結果、私は教材を新たに開発すべきだという結論に達し、行動に移していきました。２００９年の頃です。

おそらく、子どもたちが同じような単元でつまずく様子を見ているのは、私だけではなかったはずです。多くの現場の先生方は気がつかれていたと思います。
そのときに、批判的思考が働いたのだと思いますが、おかしいと思った私はオリジナルの教材を作ってみることにしました。その教材が今ほどヒットになるとは予想していませんでしたが、ただ確かにあったのは、子どもたちのために、より良い教材を提供すべきだという想いです。

さて、実生活の中でも、この批判的思考を伸ばすヒントがあります。
日頃から子どもに「こうであるべき」と押し付けたり、一方的に命令したりするのではなく、なぜそうなのかとか、どうしたらよいかを子どもに尋ねてはいかがでしょうか。

たとえば、次のような感じです。

**例1**：だめって言ったらだめ。

← どうしてだめだと思う？

**例2**：早く宿題やりなさい！

← 寝る前の時間をどう使ったら楽しいかな？

ただし、宿題とか、やるべきことはやるとして。

**親子で一つの問いに対して、いくつかの解決方法を一緒に考える**ことで、柔軟な考え方ができるようになるでしょう。

なぜなら、今、現在20代以上である日本人は、ほぼ全員が批判的思考を育てるような教育を受けておらず、そのため、そもそも批判されると過剰な不安や不満を持ってしまうからなのです。

しかし、これからの時代は、文化や慣習の異なる人々と共生する時代です。相手の意見に賛同するかどうか、賛同しないのであれば、その理由を相手が納得できるように伝えること。そのためには、良質な批判的思考が必要なのだと思います。

## 「今日何があったか聞かせてくれる？」という魔法の質問（3歳〜）

毎日忙しいお母さん、お父さん。一日のうちに子どもにきちんと向き合うことすらなく、一日があっという間に過ぎてしまうことでしょう。幼いお子さんとゆっくり語り合える時間というのは、だいたい夜の7時〜9時の2時間くらいしかない。でも、この2時間の間にはやることがいっぱいで、ず〜っと、命令口調で子どもを急き立てているような毎日を送ってしまい、こっそり反省している方もとても多いでしょう。でも、ぜひ寝る前の10分間だけ、子どもとの会話、ちょっとした「語らい」の時間を意識的にとってみましょう。たった10分間でいいのです。

この時間が貴重な時間だということを心に留め、次のことを実行してみてください。

それは、子どもの話を**「じっくり聞く」**という時間です。

たとえば、「今日一日、あったこと教えて？」と聞いてあげると、子どもは、園や学校であったことを一生懸命に話してくれるはずです。

「僕が一生懸命勉強していたらね、隣のケンちゃんがね、僕の教科書を勝手にとってね、いたずら書きしたんだよ」などと。ただし、お母さんは「聞く」に徹してください。

子どもが一生懸命に話をしているのに、「あの、ケンちゃんね。お母さんも前から、あの子はちょっと乱暴だと思っていたの。お母さん、ケンちゃんのお母さんに言おうかしら。それとも先生に言おうかしら」などと言って、**お母さんが話の主導権を奪い取ってしまってはいけません**よ。

聞き上手になるコツとしては、子どもが話す内容を**絶対に否定しないで聞く**ということです。ただ、笑顔でふんふんとうなずいて聞いてあげればＯＫです。もし、子どもに意見を求められたら、「○○（子どもの名前）はどう思う？」と聞いて、できるだけ子どもに話をさせてください。そして、子どもが話をしているときには、「そうなの。そうなの」と相槌をうつだけで十分。

そのとき、**ぜひ使ってほしい言葉は、「それで？」**です。「へ〜、それでそれで？」とお母さんが続きを聞きたそうにすれば、子どもは、話を続けてくれることでしょう。

そして、10分間たっぷりと話を聞かせてもらいます。10分間も話を聞いてもらえれば、子どもは十分に満足することでしょう。子どもが話し終わったら、最後に必ず言ってほしい言葉があります。それは「ありがとう」のひと言です。

「今日もお話が聞けてよかったわ。ありがとう。また明日も聞かせてね」と。

すると、子どもはどう思うでしょうか？ そうです、また、きっと明日もお母さんにたくさんの話をしよう！ と張り切るはずです。

子ども自身の「また、話そう」という気持ちが、その子の「表現力」を育てていくことになるのです。「伝える力」を伸ばすには、伝えたい人が存在して初めて可能となります。そして、その鍵は、世界で一番大好きなお母さんやお父さんが握っています。

表現力を育てるために最も大切なこと。それは、技術ではなく、子どもにとって、

気持ちを伝える初めての人であるお母さんやお父さんが、「聞いて」「ほめる」ことから始まるのです。

10分間の話をしている間、子どもの頭の中は、伝えたいことのイメージでいっぱいになります。どんな言葉を使ったら、うまく伝わるのか、頭をフル回転させてそのイメージをお母さんに伝えようとします。このことが、自然とイメージング力を育むことにつながっていきます。

また、口を挟まずに、話を聞いてくれたこと、そして、世界で一番大好きなお母さん、お父さんに「ありがとうね」と言われ続けた子どもの「自己効力感」や「自己肯定感」は間違いなく育つことでしょう。

## ほしいものがあったらプレゼンさせよう（6歳〜）

次に、家庭でできるプレゼンの練習です。

子どもは「これがほしい」「あれが食べたい」「あそこに行きたい」などとさまざまな欲求をしてくるものです。

そのとき、大人はどのように対応するでしょうか？

頭ごなしに「ダメ」と言ったり、あるいは、子どもの言いなりになって、すべてを与えてしまってはいないでしょうか。

残念ながら、どちらの対応も、せっかくのプレゼン力を鍛えるチャンスを逃してしまっています。

子どもに、どうしてそれがほしいのかを説明するように促してみましょう。

なぜ、その新しいゲームがほしいのか？　そのゲームを手に入れると、どんな良いことがあるのか？　今まで持っているものはどうするつもりなのか？　など。

親が納得できるように子どもに考えさせ、さらに、子ども自身にその考えを述べさせてみてください。

つまりは、簡単なプレゼンテーションの練習です。

これを家庭内で行うことで、自分の考えを表現できるようになっていきます。


もし、はじめから子どもにやらせるのが難しいとするならば、お母さんやお父さんがやって見せるとよいでしょう。

お母さんが新しいバッグがほしいとか、家族旅行をしたいということであれば、そのテーマで家族の前でプレゼンをしてみるのです。親のやっている様子を見て、子どもは、プレゼンの仕方を覚えていくことができます。

小学生なら、家族旅行の計画を立てさせるのもプレゼン力を育てるのに最適です。たとえば、家族4人で、一泊二日、予算を10万円とするところまでは親が決めて、あとは、すべて自由に子どもに考えさせてみるというものです。

旅行先、交通手段、宿泊場所、回る観光スポット、食事をする場所、お土産代の種類や予算など、調べて決めるのはすべて子どもで、親は一切口を挟まないようにします。そして、計画が出来上がったところで、その計画を作った子どもにプレゼンしてもらいます。

このとき注意したいのが、「もっと、こういう言い方をした方がわかりやすい」などと、表現の仕方に注文をつけること。これはしてはいけません。まずは、自由に表現させること。そして、それを認めることです。

また、親がプレゼンする際も、子どもがプレゼンをする際でも同じですが、積極的に教えてほしいことがあります。それは、意見を言うこと、言われることは悪いことではないということです。

正解か不正解かを考えるだけ、知識を詰め込むだけの教育を受けていると、間違っていたり否定的な意見を言う人がいると、まるで自分自身を否定されているような気分になる場合があります。そして、否定されることを避けるために、意見を言わないか、あるいは、あたりさわりのないことを言っておくという思考に陥ってしまいます。

でも、反対意見は否定ではなく、一つの意見と捉えるべきものです。そして、自分の個性で表現することは、決して悪いことではありません。そのことを、しっかり家庭内で教えていけば、意見を言うことも、言われることも、臆す

低学年専門塾「パンセ」。子どもたちの可能性を広げたいという想いがつまっています。

ることなく、自由に表現できるようになるでしょう。

最近では、私がプロデュースする低学年向けの学習塾が千葉県柏市にできました。名前は「パンセ」。市進学院の小笠原宏司社長が「思考と想像によって新しい価値を創り出してほしい」という願いをこめて命名された画期的な教室です。子どもたちに自由に発言させながら、表現力を育てる授業が大変好評です。低学年専門で塾を運営することは、経営面から考えると採算がとれないのですが、その時期の教育の重要性を理解し、このような取り組みがあることは、日本の未来において本当に重要で素晴らしいことだと思います。

# 日記や感想文を添削してはいけません（6歳〜）

イメージング力を伸ばすために、特に力を入れてお伝えしたいことが、低学年の頃は、子どもたちの文章、日記や感想文の添削をしないでくださいということです。

この添削が、お子さんのイメージング力を削ぐ大きな原因になっているからです。

たとえば、小学校1年生の太郎くんが、次のような作文を書いてきたとします。

「ぼくわ　なつやすみに　おじいいちんのいえに　はなびおみにいったらどんとそらに　ひろがつてきれいで　おじいちゃんの　ねこねこくろいねこねこがしっぽもくろい。じゅーすをのんで　おいしくてたのしかったです。」

要約すると、太郎くんは、おじいちゃんの家に遊びに行き、そこで大きな花火を観たようです。そこで、黒い猫と遊んで、ジュースを飲んだことが書かれています。

この文章を読んだお母さんや学校の先生は、太郎くんにこう言います。

「何を書いているのか、ぐちゃぐちゃでわからないね」

そして、赤字で、「ぼくわ」の「わ」を「は」に、「はなびお」の「お」を「を」に、さらには句読点の間違いについても直した上に、「猫のことではなく、花火のことをもっと書きなさい」と指導したりします。

その添削された作文用紙を見て、太郎くんは「作文ってむずかしいな」と思います。作文を書く前に先生が、「あなたが思ったように自由に書きなさい」と言ったので、太郎くんは、自分が思ったように自由に書いただけなのです。

でも、大人は、わかりやすく、きれいにまとまった文章に書き直させようとします。そして、「どんと花火が広がった」というような素晴らしい感情表現が入っていることに言及もしません。

実は、書き始めたばかりの添削という行為が、子どもの個性も伝えたい思いもつぶしていくことになります。

**何度も修正されるたびに、子どもは、自分の思いつく表現ではなく、大人が望む文章を考えるようになります。やがてそれは、作文への苦手意識となり、最終的には「書くことが嫌い」になっていきます。**

すると、「文章で伝えたい」という思いが、封じ込められ、自分は書くことが苦手、表現することが下手な人間だ、と思い込んでいきます。「自分は作文が苦手だ」という意識から、いずれは「自己効力感」も低くなっていくでしょう。

「でも直さなかったら、いつまでたっても文章がうまくならないのではないか」と心配されるかもしれませんが、まったく問題ありません。

小学生低学年の子どもが書いた文章には文法も語彙もめちゃくちゃなものが多くて当たり前です。でも、それは、まだ文字に慣れたばかりの段階であって、「書いて考えを表現すること」には慣れていないからです。

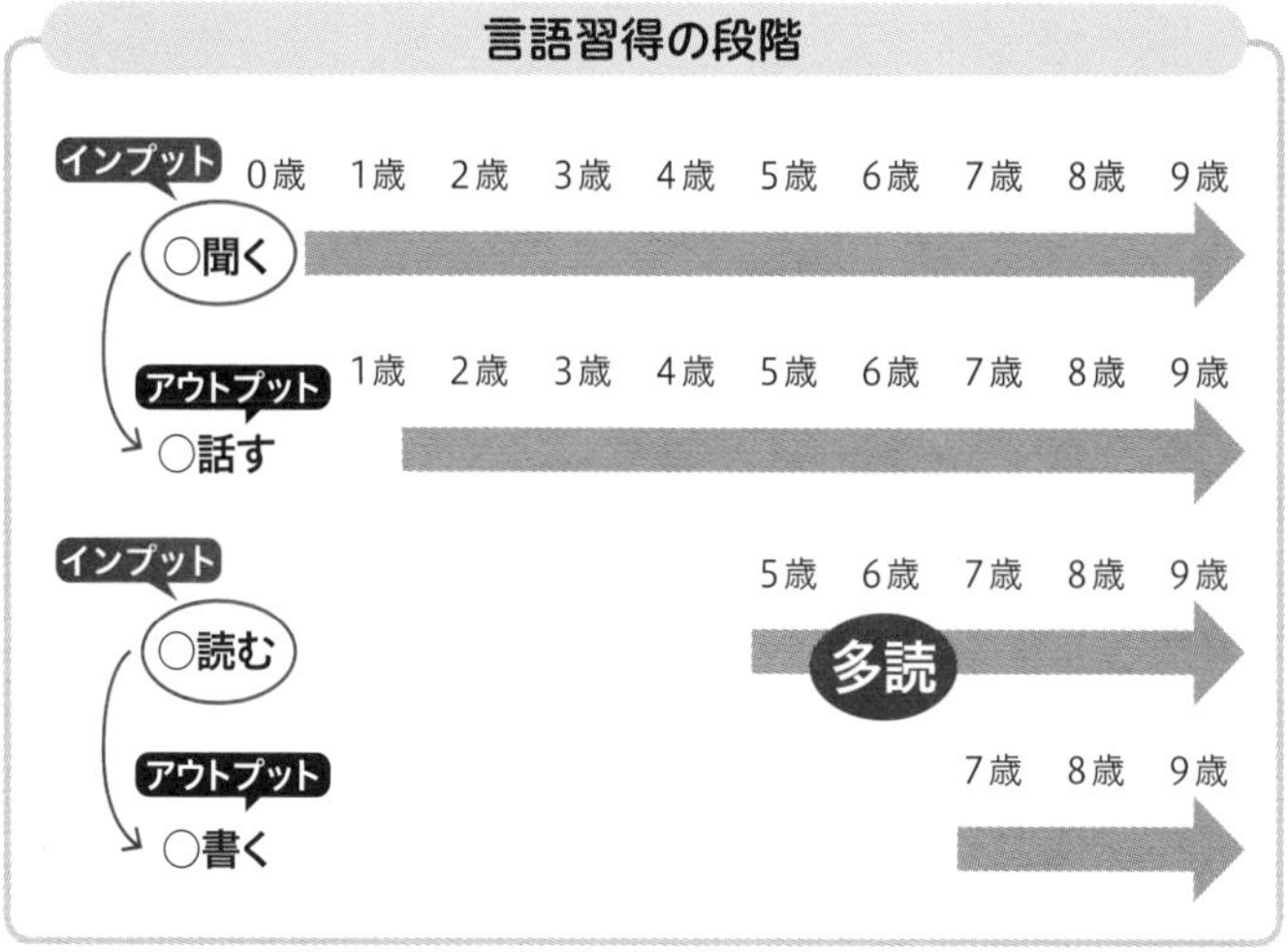


そもそも、他の人が書いて表現しているもの、たとえば「本」を、まだそれほどの量を読んでいない段階で、文章全体をまとめることから指導することに無理があるのです。

文章をうまく書けるようにするためには、きちんと添削をする方が効率よくうまくなると考える方もいらっしゃると思いますが、早い時期から直されることが多くなると、子どもは、どういう文章が正しい文章なのか、ということに注力するようになり、イメージしたことを自由に表現できなくなります。

せっかく、頭の中でイメージしたことを文字で表現しようとしているのに、大人が望む文章を書くことに頭を使ってしまうからです。

親や先生が求めるような言葉を忖度《そんたく》して、大人が喜ぶような文章を書くように指導する結果として、文章が書けなくなる子どもが増えていく。この悪循環はどこかで断ち切らなければなりません。

私は、低学年の時期は、絵を描くようにのびのびと書かせ、書くことが楽しいものだと感じさせることの方が、文章をきっちりまとめさせる教育よりも大切なのではないかと考えています。

# 英語の自己紹介、定型文を教えるよりも大切なこと

英語教育が小学校低学年に前倒しになり、英語教育の改革も進んできています。

小学校での英語教育は英語に慣れ親しむことを重視するということで期待感も高まっています。せっかく、改革が行われるのであれば、本当に意味のあるものになってほしいと願います。

これまでも英語教育に関する改訂は幾度も行われてきましたが、その箱を開けてみると、実態は私が中学生だったころ、つまり40年以上前とそれほど変わっていないのではないかという印象を受けます。

少し前の話なのですが、知り合いのインド人を数名、日本の公立中学校に招いたこ

とがありました。全員が、インドの国立学校の校長先生や教育関係者でした。

そこで、中学生一人ひとりが英語で自己紹介をする様子を見学させていただいたのですが、40年前の私が受けた英語の授業とほぼ変わらなかったのです。

そのクラスの自己紹介は次のような感じで進みました。

初めの生徒が「I like soccer.」と話すと、次の生徒も「I like music.」と言いました。

また次の生徒も「I like basketball.」と言い、なんとクラス30名全員が、「I like ～」で自己紹介していったのです。

その様子を見ていた先生方は、授業終了後に、こっそり私に耳打ちしました。

「なぜ、自己紹介が一定の型をもっているのですか?」

生徒が一様に、「I like ～」と話す姿が、あまりにも奇妙に思えたのでしょう。この光景こそが、かれこれ40年、いいえ、もしかしたら戦後から80年近く変わらない日本の英語教育の典型例なのではないでしょうか。大きく変わっていたことといえば、

一人一台、タブレットをもって学習していたということでしょうか。

自己紹介とは、本来、「自分は何者なのか？」を表現するものです。みんな同じく「I like ～」と定型文を使って行うべきものではありません。

中学生にもなれば、自分が何者なのかを自分の頭で考えることはできるはずです。それを、どう英語で相手に伝えるか。iPad等のITツールは活用すべきです。どうしたら、自分の伝えたい内容を伝えられるのかを考え、必要な知識をネットから探し出せばいいわけです。少々の文法や発音の間違いなど気にする必要はありません。

**自己紹介というのは初対面の相手に、自分がどんな人間であるかを知ってもらう大切な役割を持っています。どんな内容を、どんな語彙を使って、どんな表情で、どんな思いをもって伝えるかです。**

そのことを後回しにして、まずは知っている単語と文法だけを使うことを優先する。

この方法は正直まずいと思いました。

**英語は単なるツール**であって、何を伝えることが重要なのかということを持っていなければ、英語教育が小学校の低学年に前倒しになったとしても、英語で表現するという目的を達成するための根本的な改善にはならないからです。

英語熱が進む中、英検の受験も低年齢化しているようですが、英検1級が取れても、伝える内容そのものを考えることができなければ何の意味もありません。

グローバル社会の中で稼ぐためには、常に「自分は何を伝えたいのか」という内容を思考でき、それを言葉で創造的に表現できることが必要です。

# 真にグローバルな人材は自国の文化や歴史を語れる人

私は、インドの学校関係者をはじめ、インド人民党の議員や人材開発省（日本の文科省にあたる）の人材開発者の方々と話をする機会があります。

特に、会食の場などでは、日本の文化や慣習、天皇制について、戦争に対する考え方、日本の教育制度の長所や短所など、「日本」について、さまざまな角度から質問され、意見を求められます。

はじめは、自社の規模が大きくないので、日本を代表するような発言をすることを控えるようにしていました。ところが、インド政府の方々からは、「あなたは、立派に国の代表としてインドの教育界で事業をされているのだから、堂々と意見を述べた方がよい」とアドバイスを受けたのです。

そのとき、日本ではあたり前の謙遜《けんそん》が、国際社会では、スタンダードではないということを学びました。

また、あるとき、「日本の教育が重視していること」を聞かれたことがあったのですが、答えられなかったことを今でも恥ずかしく思っています。

日本や文化の知識を持ち、かつ自分の意見をしっかり持たないと、海外では一流の仕事人とは言えないのですね。ただ、これは社会に出てからも学ぼうと思えば学べることです。企業はぜひとも20代30代の若者に海外で活躍できるチャンスを与えてあげてほしいと思います。

# 「ユニバーサルランゲージ」で伝える強みとは？

英語ができることで、子どもの可能性が広がっていくことは間違いないでしょう。

では「英語ができる」とは、どういうことなのでしょうか。

私は、6年前にインドに単身で行ったとき、英語はほとんど話せませんでした。でも、教材をインドの学校で使ってもらうために、必死で英語でプレゼンや打ち合わせをしました。そして、この6年間で18校の学校で教材を使っていただくことができるようになったのです。

その後、スタッフも増え、英語ができる人を採用しての打ち合わせやプレゼンを行う機会も増えてきました。でも、英語のレベルが上だからといって、商談がうまく進むということにはならないということが分かりました。

いまでも私の英語は語彙も貧弱だし、文法もあやふやです。商談やプレゼンの際は、熱が入りすぎて、一部を日本語で話しているときさえもあります。もはや、英語と呼べるものではないかもしれません。

でも、商談相手のインド人たちは、うんうんとうなずいて聞いてくれています。相手はよく理解してくれているのです。私が話をするときは、よく「玉井の英語は、ユニバーサルランゲージ」だと言われます。難しい単語は使わず、伝えたい内容を簡単な言い回しで明確に伝えることに注力して話すので、わかりやすいのだと思います。

一方、いわゆる日本で英語ができる人の英会話は、使う単語が難しすぎて、ネイティブではない相手には伝わりにくいことがよくあります。ですから、グローバルなビジネスの場で必要とされる英語力とは、英検1級であるとか、TOEICが満点であるとかということよりも（もちろん、それは素晴らしい能力なのですが）、「伝えたいことが相手にわかりやすく伝えられる」ことだと思うのです。

「英語ができる」とは、英語で「意図が伝わること」であり、特に、相手がネイティブでない場合は、わかりやすく言い換えることが必要なのです。

# 英語は必須。だから、日本語はもっと重要。

人口から考えても、英語と中国語は世界の二大言語に発展するでしょう。

しかし我々日本人は、大事にしたい日本語があります。

豊かな日本語力は、すべての子どもたちが身につけるべきものなのです。なぜなら、母語である日本語力を使って私たちは物事を理解し、思考するからです。

言語というのは、その国の文化が織り込まれて成り立っています。**母語である日本語をしっかり理解してこそ、思考力は深まり、社会で光る想像力や創造力を発揮できるのです。**

グローバルな世界で負けない子ども、稼げる子どもを育てるためには、外国語以外に優れた何らかの能力を身につける必要があります。

その能力がなんであれ、土台となるのが母語の国語力です。国際人にお子さんを育てるために、いいえ、そもそも生きていくために大事なこと。それは国語力、日本語力を高めることだと断言します。

２０２０年からは公立の小学校でも英語が正式科目となり、これからも英語教育熱は冷めることはないでしょう。だからこそ、日本語力を養うことが重要になるのです。

## 世界共通語はなんといっても「情熱」と「感謝」

世界で負けない子どもになるためには、イメージング力が大切であると述べてきましたが、その力を養うと共に、ぜひ子どもたちが育んでほしいと思っていることがあります。

それは、「情熱」と「感謝」の心です。もし、本気でお子さんに将来どんな環境でも「稼げる」ようになって欲しいと願うならば、その二つの心を育てることをちょっと意識していただきたいと思います。

まず、**大人になって情熱をもって生きていけるようにするためには、本人がやろうとすることにまずは挑戦させ、失敗しても努力をたたえること。そして、もし幼少時**

**代に熱中できるものや没頭できるものがあれば、それを応援することが大切**です。

大人になってから、情熱を持って行動できるかどうかは、子ども時代に挑戦した何かで、結果はどうであったとしても、努力したことが無駄にならなかったと実感できるかどうかにかかっていると思うのです。

一見、大人には無駄や無意味と思えることでも、努力したことであれば、しっかりと認めてあげてください。

大人になってから、「これがやりたい。でも失敗するかも」と躊躇《ちゅうちょ》しても、**子ども時代に努力を認められてきた人は、他人がなんと言おうとも、自分の判断軸がしっかりしているので、ぶれることなく挑戦する情熱、あきらめない情熱を持つことができる**と思うのです。

もう一つ、**世界で負けない子ども、稼げる子どもになるために必要なものは、「感謝」の気持ちを持つこと**だと思います。

私は、20年前に塾を始めたときも、教材を開発し始めたときも、お金がほとんどありませんでした。でも、いつも「ありがとう」という感謝の気持ちは大切にしてきました。

私が作った教材が、世界で使われるようになった裏には、たくさんの人の支えがありました。一人では到底できることではありません。私は関係してくださったすべての人々に心から感謝しています。

この広い宇宙の地球という星に生まれ、家族となるご縁、同じ会社で仕事をするご縁、お取引していただくご縁などはすべて、奇跡的な確率です。その奇跡に感謝し、そのとき、そのときの「ありがとう」の気持ちを懸命に伝えることで、一個人が作り始めた教材が、広く世に広がってきているのだ、と思います。

勉強ができることも確かに大事だけれど、なにより大きく育ってほしいと願うのは、感謝の気持ちです。この**感謝の気持ちを育てるためには、親御さん自身が常に、「あ**

**りがとう」という言葉をもっと使っていただきたい**のです。

「ほら。ちゃんと、ありがとうを言いなさい」という大人たちの姿をよく見かけますが、まずは自分から。**日頃から「ありがとう」と親御さんが行っている言動を見て、子どもはそれをそっくり真似するようになっていく**と思うのです。

「ありがとう」ほど、心を豊かにし、人々に幸せをもたらす素敵な言葉はないと私は思います。ぜひ、毎晩寝る前には、「今日もありがとう」「生まれてきてくれてありがとう」という言葉をかけてあげてほしい。

たっぷりと感謝の言葉を受けとった子どもは、まちがいなく「ありがとう」を言える子どもに成長していくはずです。そして、その**子どもの口から発せられた「ありがとう」が、やがては、その子を幸せにする力となってその子自身に返ってくる**と思うのです。

# 稼ぐ力とは「誰かのために役にたちたい」という想いから生まれる

お金を稼ぐということは、ほかの人から感謝されるようなモノやサービスを提供することです。そのためには、人がどんなことに困っているのかを考えぬき、「誰かのために役に立ちたい」という想いを育てることが大切だと思います。

「ありがとう」という感謝の気持ちの代価として受け取るお金は、価値あるお金ですね。人をだましたり、不法にお金を稼いだとしても、実は人間の心は本当には満たされない――。と今まで私は思っていました。しかし、未来においてはわかりません。人をだまし、裏切り、場合によっては、人の命を奪い取ってでもお金を得ることが正義となってしまうようなら、私の持論は通用しない日が来るかもしれないですね。

果たして、私たち大人は子どもたちに、「お金を稼ぐ」という意味や意義をきちんと伝えているのでしょうか？

「しっかり勉強しないと、将来困るよ」とか「あなたのためを思って言ってるのよ」などという言葉ばかりを伝えてしまってはいないでしょうか。

「役に立つ人間になりなさい」「感謝される人間をめざしなさい」と伝えられる大人でありたい、そう思います。

それは、どんなにＡＩが進歩しても、どんな時代、どんな環境であっても変わらない大切なことなのではないか、と思います。

そのためにも、「認める」ことは本当に大切です。自分が無条件で認められたという体験があってこそ、他の人のことも認めることもできるようになり、感謝もできるようになるからです。

人は一人では生きていけません。成長して、「稼ぐ力」を持った子どもたちが、自分や自分の家族に幸せをもたらし、大きく社会に貢献していってくれること。それが、本物の「稼ぐ力」であることを伝えていっていただければ幸いです。

## 稼ぐということは、子どもが幸せになるということ

現在、私は、全国各地で講演をさせていただいていて、そこで、教育の最終「目的」と「目標」というものについて話をすることがあります。

私が考える、**教育の最終「目的」は子どもが幸せな人生をまっとうできるようになること。また、最終「目標」は、自立すること、平たく言えば、「稼ぐこと」**だと思います。でも、私が話す「稼ぐ」とは、「手段を選ばず、お金をたくさん得る」という意味ではありません。何のために「稼ぐ」のかと言えば、それは子どもの人生が幸せになるためだと思うからです。

「稼ぐ」という定義をお金だけにしたら、ものすごく不幸になると思うのです。

収入の良い業界であった金融業界でも数万人規模の大リストラが起こっています。

２０４０年頃には、東大を出ても仕事がないという人が増えるとまで言われています。これまでのように良い大学に進学させて、給料の良い会社に行かせることだけが本当の意味での、「稼ぐ」ということにはならないと思うのです。

**大人の偏った判断や、今までの時代の常識からつくられた「一生安泰」の環境に、なんとか子どもを置こうとするのではなく、子どもがみずからの幸せを考え、人生を積極的に生きる能力を身につけさせる必要がある**と思います。そういった意味から、「稼ぐ」とは、お金を「稼ぐ」だけではなく、教養を身につけたり、芸術を楽しんだり、人脈を得たりすることも意味します。

子どもの人生の最後が幸せであるかどうかを、残念ながら親は見届けることはできません。見届けたら、それはむしろ不幸な話です。親が死んだ後も、残された子どもが、本当に幸せに生きて人生をまっとうするには、自分の生き様が人や社会のために役に立っている実感ができることが必要です。そのためにも、他人と比較してどうこう言うのではなく、親こそが子どもの優れた点やほめるべきところを見つけ出し、そこを伸ばしてあげることに注力すべきではないでしょうか？

コラム

## 新しい評価システムがあってもよい

日本では学校に毎日行き、きちんと授業を受ける生徒が評価されますが、学校に行かなくても、算数のテストで高得点が取れる生徒が評価されるシステムがあってもよいのではないかと思います。

とにかく毎日通学することが大事という考えは、給料をもらうために会社に通勤しさえすればいいというような姿勢にもつながっていくと思うからです。

ちょっと強い表現になってしまうかもしれませんが、長く働いているだけで、生産性が低い大人を量産する原因の一つになっているとも思います。単により長く働いた人の方が、効率よく短時間で働く人よりもお金が稼げる仕組みが、労働生産性を上げる思考と全く逆になってしまっています。

通学日数は少ないけれど、テストを受けると高い得点が出せる生徒やレポートを上手に書ける子どもが評価され、評価する学校が増えれば、働き方も変わり、生産性も上がっていくことでしょう。

# 日本の子どもの貧困問題に、今あなたができること

日本の子どもの貧困が年々深刻な状態になっているといわれます。一日3食を食べられない子どもが増えているということで、食料を提供するフードバンクや低料金で夕飯などを提供する子ども食堂を運営する活動も増えてきています。

子どもがご飯を満足に食べられないなんて、本当にいたたまれないことだと思いますし、はたして、日本は大手を振って先進国と言えるかどうか疑問に思います。

家庭が経済的に困窮している状態は事実かもしれませんが、そのことがイコール、「お金がないから勉強ができるチャンスがない」「貧しい家庭の子どもは、将来も貧しくなる可能性が高い」ということに直結しない社会をつくる必要があります。

そして、現代の日本では、お金がなくても勉強できる方法がたくさんあります。ですから、「君ならできる。きっとできる。大丈夫だよ！」というようなメッセージを強く送ってあげることがとても大切だと思うのです。子どもたちが「自分はできる」という気持ちを育んであげる社会であることが不可欠だと思います。

たとえば、「今は、ご飯を私が出すけど、あなたはきっと将来これを何十倍にもして社会に返してくれるはずよ。今は体力つけて、勉強して、私が年寄りになる頃には助けてね。期待してるよ！　お願いよ！」などと。

その方が、単にご飯をあげるよりも、自分もいつか弱い人のためにという気持ちが湧くことでしょう。

要は、「誰かがあなたを見ているよ、応援しているよ、期待しているよ！」ということをすべての子どもたちにきちんと伝えられているかどうかということが、社会制度も含め、今の日本社会には欠けているのではないでしょうか。

# おわりに

## ✪教育の最大の成功とは、子どもが人生を幸せに続けられること

自分で一から創った教材が、「世界でも通用する教材かどうか」を確かめたくて、6年前に単身インドへと渡った私ですが、心の奥底にあったのは、日本に関心と愛着を持つ人材を世界中に育てたいというものでした。

外国の子どもたちが小さい頃から、日本人が開発した教材を使って、楽しく、しかも効果的に学ぶことができれば、かならずや日本人に良い感情をもってもらえることができるのではないかと考えたからです。

そのときに自然に出たイメージが、「そうだ、インドに行こう」というものでした。

これからますます人口が減少していく日本。一方で、若者の人数が増え、右肩上が

りで発展していくインドや中国。日本人がこのグローバル社会で平和に、発展的に生きていくためには、世界をリードする大国と協調していく必要があります。

私は政治家ではないので、「教材」を通じて「日本を好きだ」と思ってくれる親日派をたくさん作ろうと決意したのです。

現在は、玉井式の教材だけでなく、国内の他社の教材を紹介したり、海外の学校に日本語学習を第2外国語に取り入れていただく活動や教材を提供するだけでなく、現地スタッフを教員として派遣するサービスも行っています。実際、日本語学習を授業に組み込む学校も増えてきつつあります。日本語を学んでくれる海外の学生のためにも、国は本気で〝多様性〟を育んでほしいと思います。

また、玉井式では社会貢献の一環として、ミャンマーのハムシー村のパオ族のみなさんにそろばん袋の製作をお願いし、継続的な収入源となる仕事を提供するなどの活動を行っています。

同じくミャンマーのシャン州サティ村には、保育園を寄贈し、日本の社員が出向いて『Ｅｅそろばん®』などの教育支援も続けています。いつか大勢のパオ族が日本に働きにきてくれる日がくるかもしれません。

将来、同じ教材を使って成長した世界の子どもたちが、一緒に仕事をしたり、友情を育む日がくることが楽しみでなりません。世界中で「玉井式」を学んだ子どもたちに、力強く、大きく羽ばたいてほしい。教育の目的は子どもたちの歩む人生が幸せであることに他ならないのだから。――そんな思いで、日々子どもたちと向き合い、教材をアップデートし続けています。

最近では、ＡＩ、ＡＲ搭載の『極みＡＡＡ＋®』を開発し、２０２０年からのスタートを予定しています。ＡＡＡとはＡＩ、ＡＲ、アニメーションの３つのＡの頭文字で、＋は、紙のテキストを表しています。ＡＩが専属の先生になり、問題を解くうちに子どもの苦手な箇所（弱点）をカバーしながら進み、ＡＲが立体的に視覚に訴えるという画期的なカリキュラムです。そこに、子どもがいる限り、子どもの可能性を広げられる教材を進化させていく、それが私の一生の夢なのです。

本書を出版するにあたってサポートしてくださった青春出版社の手島智子さん、ライターの早川愛さん、素敵なイラストを描いてくださった富永三紗子さん、玉井式を導入してくださっている多くの教育関係者の皆さま、そして、いつも自由に飛び出す社長であり、母親である私を支えてくれる家族、志を一つにしてついてきてくれる社員全員に心から感謝します。

## 著者紹介

**玉井満代**　株式会社タマイ インベストメント エデュケーションズ代表取締役。ICT教材クリエイターとして、国語と算数の力を同時に伸ばす『玉井式国語的算数教室®』、公式に頼らない図形専門カリキュラム『図形の極《きわみ》®』、『玉井式Eeそろばん®』、AI、AR搭載の『極AAA+®』などを開発。子どもの能力を最大限に引き出す独自の教材は、日本のみならず、海外からも注目を集めている。本書では、日本と世界の教育現場を見てきた経験から、これからの日本人の子どもたちに必須の力の伸ばし方を提言。勉強、スポーツ、ビジネス、人間関係など、いかなる場面でも自らの頭で考え、生き抜いていける子どもを育てるために——。


世界《せかい》に出《で》ても負《ま》けない子《こ》に育《そだ》てる

2020年2月1日　第1刷

著　　者　玉《たま》井《い》満《みつ》代《よ》
発 行 者　小澤源太郎

責任編集　株式会社 プライム涌光
電話　編集部　03(3203)2850

発 行 所　株式会社 青春出版社
東京都新宿区若松町12番1号 〒162-0056
振替番号　00190-7-98602
電話　営業部　03(3207)1916

印　刷　共同印刷　　製　本　大口製本

万一、落丁、乱丁がありました節は、お取りかえします。
ISBN978-4-413-23148-0 C0037